김기정의
전략 디자이닝

미래를 설계하는 전략 연구

김기정의
전략디자이닝

김기정 지음

굿플러스북

목차

서문 전략 연구는 왜 희망을 담아야 할까　　8

1장 **전략 디자인과 미래구상**
전략가의 미래구상　　16
더 나은 내일을 향한 열망　　36
'포스트'라는 이름의 전환기 세계 정치와 한국의 전략구상　　42
경제안보 전략의 대강(大綱)　　54
국가안보와 안전국가 담론　　62
문화는 어떻게 전략이 되는가　　66
균형에 관한 몇 가지 생각　　73
젊은 나라, 늙은 나라　　82

2장 한반도 평화 디자이닝

한반도 평화공존의 구조	92
전략구상 플러스	101
: 평화공존 질서를 발진시키기 위한 몇 가지 생각	
한반도의 딜레마	111
북한의 근원적 문제 선해결 주장에 대한 유감(遺憾)	117
국가는 왜 움직이지 않는가? : 교착상태의 정치학	122
종전선언으로부터 시작되어야 할 것들	128
종전선언의 전략적 의미와 공동관여의 전략	134
이중잣대의 국제정치학	142

3장 한국 외교 디자이닝

신흥 선도국, 한국의 전략적 과제   152

외교 유연성의 시대적 의미와 의의   157

2021년 한미 정상회담과 한미동맹의 새로운 비전   166

한미동맹과 외교 유연성의 전략적 과제   173

외교 유연성과 피버팅 전략   183

외교 유연성과 투트랙 전략   202

한반도에서 생각하는 평화의 의미와 유럽   215

주   222

서문

전략 연구는 왜 희망을 담아야 할까

전략 연구는 운명이었나 보다.

대학 신입생의 첫 학기, 국제관계론 강의를 수강한 이래 나라 밖을 대하는 방식에 대한 흥미는 평생 공부의 주제가 되었고 직업이 되었다. 국제정치학 공부는 요모조모 작은 재미들로 그득했다. 한때 외교사에 몰두했던 것도 한국의 운명을 결정지었던 나라 밖의 정치적 결정에 관한 관심 때문이었다. 국제정치학이라는 학문의 바다를 지나는 동안 청년 시절의 물결은 잔상殘像조차 아득하고, 어느덧 중년의 섬쯤에 이르게 되었다. 개인사個人史의 매 절기節氣마다 지적 호기심은 전략 연구라는 옷을 입고 나를 찾아왔다. 국제정치학 공부와 전략 연구는 접점들이 많아 보였다. 공부하는 일이 '남아서 살아갈 날들'에 어떤 사회적 의미가 있을까 고민하는 일도 빈번해졌다. 전략구상과 실천 방법에 대한 사유는 조금씩 구체화되었다.

공부에 관한 기억은 어둠에 싸인 숲길이나 야간 비행의 밤하늘 같이 짙은 색이 대부분이었지만, 간혹 그 여행 과정에서 영감을 받았던 글들이 있다. 국제정치학 연구와 전략 연구 사이에 놓인 다리, 그 연결고리에 관한 고민은 미국 국제정치학자 알렉산더 조지*Alexander George*의 통찰력이 일부 해소해주었다. 그의 저서, *Bridging the Gap*을 읽으면서, '같은 고민을 미국에서도 하고 있구나' 하는 동병상련同病相憐의 마음도 생겼다. 학문을 직업으로 하는 공동체*Academic Community*과 정책 공동체*Practitioners' Community* 사이에는 인식과 문화의 차이가 있다. 조지의 지적知的 관찰은 그 사실을 정면으로 직시하는 것에서 시작되었다. 서로를 비난하는 논조도 한국이나 미국이나 비슷하다. 다른 나라도 크게 다르지 않을 것이다. 정책결정자들이 학자들에게 하는 비판들, 즉 '먹물', '현실을 잘 모른다', '너무 이론에 치우쳐 있다'는 비난 논조가 그랬고, 학계 사람들이 정책 공동체에 속한 사람들에 대해서는 '공부를 하지 않고 경험에만 의존하려 한다', '통찰력이 부족하다', '고시 패스 지점에 지적 수준이 머물러 있다'고 비판하는 것도 크게 다르지 않다. 조지는 그 두 집단 사이에 놓인 간극*gap*, 그리고 그것을 이어주는 교량의 역할로서 '전략'이라는 단어를 제안하고 있었다.

　전략은 정책과 학문의 두 영역을 모두 관장하는 화두이기도 하다. 통찰력을 가지되 현실 적용 가능성은 무엇일까를 끊임없이 고민하는 것이 '전략적 사유'의 출발이다. '통찰력을 가진다'는 것은 단순히 현상에 대한 총론적 특징을 잡아내는 것뿐 아니라, 규범적 목표를 미래 설계에 포함시키는 지적 과정이다. 현상을 독해하는 능력만이 아니라 '우리나라는 이렇게 되었으면 좋겠다', '미래 시대는 이랬으면 좋겠다'는 생각이 통찰력의 토대다. 그리고 이런 규범성의 바탕 위에서 해석과 독해가 어떻게 현실적 실천성을 가질 것인지 고민하는 일이 전략구상이다. 그런 의미에서 전략이란 '해석의 기획'이라고도 규정할 수 있다. 이 시대를 어떻게 해석하며, 어떤 방향으로 나갈 것인가에 대해 규범적인 의미를 담아 기획하는 작업이라는 의미다. 전략적 사유의 토대 위에서 정책들이 생산되면 '생각'은 정책이라는 도구를 통해 실천성을 가지게 된다. 정책이 현실과 부딪히면서 성공과 실패의 결과를 낳을 것이고, 그 성공과 실패의 피드백이 다시 전략적 사유로 회귀하는 사이클이 만들어진다.

전략구상은 '진단^{diagnosis}'과 '처방^{prescription}'이라는 지적^{知的} 행위다. 비유하자면 의사가 환자를 앞에 두고 하는 고민과도 같다. 무엇이 문제인가, 그리고 어떻게 고칠 것인가의 고민이다. 전략가들이 시대를 마주하며 던져야 하는 질문도 마찬가지다. 지금 시대, '무엇'을 어떻게 진단하고, '무엇'을 위해 '무엇'을 처방할 것인가.

진단은 현상과 상황, 즉 현실에 대한 분석이다. 현상을 만들어 낸 원인들, 현상 뒤에 작동하는 정치적 의도^{intentions}들을 인과관계를 중심으로 분석 대상으로 삼아야 한다. 개인 리더십 요인에서부터 글로벌 권력 구조에 이르기까지 어떤 변수들을 현상의 주된 원인으로 간주하고, 어떤 변수들을 중립화시키는 것이 보다 논증력을 가지는지를 고민해야 한다. 변수들 사이에 빚어지는 역동적 관계에 대해서도 질문을 던지고 깊이 사유해야 한다. 사회과학적 훈련은 대개 이러한 작업을 위한 준비였을 것이다.

모든 처방전이 특효를 발휘하지는 않는다. 발신되었다가 공허하게 사라지기도 한다. 진단이 잘못되면 처방은 아무 의미가 없게 된다. 어떤 처방은 정치의 현장에 '정책'의 형식으로 등장하여 실천되기도 한다. 그런 의미에서 정책을 포괄하는 상위의 개념으로 전략을 정의하는 것도 틀린 논법은 아니다.

정책들은 현장에서 현상을 만들어내고, 그것을 우리는 대개 현실^{realities}이라고 통칭하여 부른다. 그러므로 사상가와 전략가들의 머릿속이 '현실'의 출발점이 되기도 한다. 물론, 진단과 처방이 전략가들의 몫만은 아니다. 백가百家가 쟁명爭鳴 하듯이, 많은 사람, 많은 직업군에서 각각의 진단과 해법을 드러내 보인다. 언론이나 정치권도 그런 역할을 자임한다. 전략 연구 커뮤니티에 속한 전략가들의 분석은 그들의 진단을 재생산하기보다는 그들을 선도해 나가야 한다. 선도할 수 있다면, 그것이 '전략담론'이 된다. 담론이란 '동시대 문제들에 대한 인식의 집합'이며, '철학과 규범적 의미를 담은 개념들'로 구성되어 있다. 전략구상을 고민하는 입장에서 정의를 내리자면 '전략 연구 커뮤니티 내에서 교신되는 특정한 주제와 개념'이라는 의미이기도 하다.

현상의 해석(진단)과 해법의 제안(처방)의 과정 전체를 관통하며 작동하는 것이 전략담론이다. 이것이 시대정신과 부합해야 진단과 처방이 모두 시대적 의미를 가지게 될 것이다. 그래야 주류 담론이 된다. 어떤 현상을 포착하여 분석할 것인가, 어떤 해법을 제안할 것인가는 모두 시대정신과 부합해야 한다는 뜻이다. 시대정신을 읽어야 하는 것은 전략가들 개인의 영역이기도 하지만, 연구기관에게 주어진 책무이기도 하다. 또한 이것은 개별 연구자들이 가질 수 있는 정치적 선호도의 문제만으로 치부될 수 있는 것도 아니다. 누구나 할 것 없이, 시대에 대한 독해와 치열한 고민이 필요하다. 자칫 잘못 포착하면 역사 퇴행의 빌미를 주기도 한다. 마치 1930년대 독일과 일본의 지식인 사회가 그러했듯이 말이다.

시대는 왜 전략가들의 진단과 처방을 필요로 할까? 문명사의 어떤 지점이건 무결점의, 완결된 형태의 시대가 존재했던 적은 없다. 미완의 흠결은 지금 시대라고 예외가 아니다. 불완전한 시대를 살아가는 사람들이 기대하는 것은 완성도가 조금은 더 높아질 미래일 것이다. 그런 의미에서 모든 사람은 - 밴더빌트 ^(Gloria Vanderbilt)의 표현을 빌리면 - '어린이^(child)'와 같다.

> There once was a child
> living every day
> expecting tomorrow
> to be different from today.

대학 시절 자주 걸었던 학교 숲속 바위에 새겨져 있었던 글귀이기도 했다. "청년은 내일은 오늘과 다르리라는 신념으로 하루하루를 살았습니다". 주어가 청년이었는지, 소년으로 번역되어 있었는지는 기억이 확실하지 않다.
  돌이켜보면 대부분 시대에서 완성도 높은 미래에 대한 바람들은 늘 미완으로 남았다. 그러나 '바람'과 '희망' 자체를 포기했던 시대는 없었다. '오늘보다 나은 내일'을 만들기 위한 책임이 전략가들에게 주어진 숙명이다. 규범적 상상이라는 글자에는 그런 뜻이 담겨 있다. 그래서 전략을 연구하는 사람들은 더 많이 아파하고 더 많이 고민한다.
  남아 있는 나날들의 길이는 걸어왔던 길보다 더이상 길지 않게 되었다. 전략 연구 과정에서 미래구상을 생각할 때마다 개인사의 미래에 대해서도 고민하지 않을 수 없다. '과연 실현될까?', '나에게 무슨 의미가 있을까?' 등의 세속적 잡념을 떨치기 힘들 때도 있다. 나이가 들어가는 세대들은 간혹 '이번 생은 틀렸다'라면서 자조 섞인 자탄^(自歎)을 내뱉는 경우가 있다. 내가 분노해봐야 어쩔 수 없다는 체념도 들어있다.
  '삶이란 작은 순간들의 연속'이다. 영화 '나우 이즈 굿^(Now is Good)'에 등장하는 대사다. 순간들^{moments}을 모두 절망으로 채우지 않는다면 '이번 생은 틀렸다'며 쉽게 내려놓을 일이 아니다. 순간들이 작은 희망이라도 품고 있는 한 '남아 있는 나날들은 지금과는 달랐으면 좋겠다'라는 생각으로 다시 자세를 고쳐잡을 수 있을 것이다. 인간 삶의 방식이 그런 것이니 그것의 집합인 세상도 마찬가지일 것이다. 전략에 희망을 담아야 할 이유다. 앞으로 살아가야 할 세상이 얼마나 바뀔지는 모르지만, 그래도 여전히 전략이라는 단어를 생각할 때마다 희망과 규범의 문제를 함께 고민해야 한다고 되뇌인다. 국제정치 환경에 민감하게 영향을 받았던 한반도 땅에 태어난 것이 그 인과의 시작일지도 모른다. 보다 밝은 한반도 미래 문제를 꿈꾸는 일은 그러므로 숙명과 같을 것이다.

  이 책은 국가안보전략연구원 연구원장으로 부임한 이래 썼던 글들을 다시 묶은 것이다. 전략구상과 관련된 보고서 형식의 글도 있고, 강연이나 행사의 발표문도 일부 수정하여 포함하였다. 또 연구원 구성원들과 나누었던 산문 형식의 글도 함께 실었다. 크게 세 부분으로 나누어 재구성하였다. 전략구상에 관한 생각, 한반도 평화공존의 좌표와 과제, 한국 외교전략의 미래 등의 주제들로 묶었다. 세상이 미완이듯이 생각도 미흡하기 이를 데 없다. 그러나 시대 관찰과 희망 발신은 그런대로 의미가 있을 것으로 믿고 싶다.

2022년 1월 도곡동에서
김기정

1장

전략 디자인과 미래구상

전략가의 미래구상

"상상과 현재를 연결하는 실천의 통로가 바로 전략이다."

한국의 국제적 위상이 달라지고 있다. 정치, 경제, 군사, 보건, 과학기술, 교육, 문화, 위기관리 등 다양한 영역에서 국가로서 한국의 능력은 이전 시대와 확연히 달라졌다. 주관적, 객관적 영역 모두에서다. 국력의 유형적 요소(tangible)의 크기가 증대했고, 한국을 바라보는 세계의 인식도 달라졌다. 국제적 위상도 더불어 높아졌다. 그 상승 변화의 추세는 앞으로도 계속될 것으로 보인다.

식민지 수탈과 전쟁으로 인해 한때 세계 최빈국이었고, 군사독재 시대를 견뎌내야 했던 한국은 불과 반세기 동안 세계가 주목할 만한 발전을 이루어냈다. 산업화와 민주화를 통해 국가발전의 핵심 토대를 만들었고, 그 기반에 단단히 뿌리박고 국력 수준을 높여 세계 속으로 거침없이 뻗어나갔다. 정부와 기업, 학계의 협업으로 한국의 과학기술 능력은 세계 최고 수준에 이르렀고, 해외시장 개척에는 진취성의 에너지를 발휘해 왔다. 특히 배터리, 반도체 등 선도산업 영역에서 한국의 위상은 가히 괄목할만하다. 국내적으로도 내수경제 확대와 복지 향상을 통해 국민 삶의 질을 전반적으로 제고시켜왔다. 사회적 불평등과 양극화 등 해결해야 할 문제들이 여전히 많이 남아 있으나, 20세기 중반 이후 한국이 걸어왔던 길은 세계인들의 주목을 받기 충분하다. 세계 9위권의 경제력을 보유하게 되었으며, 세계 6위권의 국방력을 갖춘 나라가 되었다. 특히 문화 능력은 세계를 선도하는 수준에 이르렀다. 다양한 콘텐츠가 세계인의 관심과 사랑을 받으며 한국을 매력적인 나라로 바꾸었다. 세계의 변방, 동북아의 코너에 위치한 이 작은 나라가 이제 세계의 중심으로 진입하려 하고 있다. 그 진입로를 더 넓고 단단하게, 그리고 의기양양하게 포장하고 있는 것이 한류韓流이며 한국인들의 드높아진 자긍심이다.

한국의 성장과 발전은 다양하고 복합적 요인들 때문에 가능했다. 정치적 리더십이나 행정의 효율적 능력, 또 동맹 유지와 수출시장 확대를 위한 대외관계 등 여러 요인이 국력 성장의 동력으로 작동했다. 무엇보다도 국가 구성원인 보통 사람들, 즉 국민의 능력과 의지가 가장 핵심 요인의 하나였을 것이다. 말하자면 인적 요소 *human resources*가 발전의 토대였다. 교육에 대한 열정과 높은 지적知的 수준, 공동체를 지향하는 민주적 시민성이 보통 한국인을 표상한다. 한편, 한국의 성공은 이전 시대를 살았던 전략가들이 기획했던 전략구상의 결과이기도 하다. 주먹구구식으로 국가를 경영하는 나라는 거의 없다. 한국 역시 지난 시대를 거치면서 국내외적 환경과 조우遭遇하는 대로 대충 헤치고 나왔을 리는 없다. 성찰하고 상상하며, 기획했을 것이다. 그리고 실천력을 보강해 왔다. '구상한 대로 모두 성취되었는가?'는 다른 문제다. 중요한 점은 당시의 시대적 조건보다 더 나은 미래를 상상하기를 멈추지 않았고, 그런 길을 만들어내기 위해 기획해 왔다는 사실이다.

미래를 상상하는 일은 역사의 어느 지점이나 대단히 중요한 일이다. 전략가들에게는 물론이거니와, 보통 사람들에게도 마찬가지다. 1947년, 정부 수립을 앞두고 노^老 정치 지도자 백범 김구는 '아름다운 나라'를 상상했고, 1960~70년대 세종로 정부청사 건물의 좁은 사무실 귀퉁이에서 일하던 경제기획원의 젊은 경제관료들도 국가 경영의 미래를 기획했을 것이다. 분단되고 가난한, 게다가 독재의 억압적 정치환경 속에서도 한국의 전략가들은 더 넓은 세계 무대를 상상하고 한국의 대외전략을 구상했을 것이다. 그리하여 21세기에 들어 이제 세계의 중심으로 진입할 단계에 이르게 되었다. 지금 대한민국의 시대 좌표는 과거를 살아냈던 사람들의 미래 상상이 어떤 형태로든 반영된 결과다. 이런 관찰은 국가전략의 관점에서 볼 때 크게 틀린 이야기는 아니다.

미래구상이라는 것

이전 시대 한국의 전략가들이 그랬던 것처럼 2021년 겨울, 미래 시대를 다시 상상하려 한다. 미래 시대를 상상하는 일은 미래 세대에게만 주어진 일은 아니다. 이미 기성세대로 강제 분류된 전략가들도 지금 시대가 아니라 미래 세대에 주어질 시대를 상상하고 전략을 구상하는 일을 마다하지 않아야 한다. 현시점에서 제안할 전략들이 얼마나 실천성을 가지며 구체화되고 실현될 것인지는 누구도 선뜻 장담하기 어렵다. 그러나 나이 든 전략가의 생각들이 다음 세대를 위한 징검다리가 되기를 기원한다. 한국의 세계적 위상이 놀랍게 바뀌어 왔고, 그 변화를 긍정적 전략으로 재구성할 필요가 있다는 시대 관찰이 생각의 출발이다. 나이 혹은 세대로 분류된 자격의 문제가 아니라, 다음 세대를 위한 기원과 희망의 문제다. 지금의 생각들이 시간이 지나면서 더 크고 단단한 전략구상으로 연속되기를 바라는 것이다.

진화의 길 위에 선 한국의 국제위상을 어떻게 규정할지는 여전히 토론 중인 주제다. 국가의 포지션^{position}은 스스로의 규정도 중요하지만, 자국에 대한 타국의 이미지나 인정 여부와도 관련이 없을 수 없다. 약소국의 긴 시간을 보냈지만, 중견국으로서의 정체성을 자임한 이후 그리 긴 시간이 지나지 않았다. 그리고 한 걸음 더 내디뎠다. 한국이 소위 선진국 반열에 오른 것인지, 혹은 신흥 선도국$^{newly\ emerging\ state}$으로 규정해야 할지, 세계의 여러 중견국 중 역할이 돋보이는 중강국^{中强國} 개념이 적절한 것인지 아직 토론 중이다. 그중에서 신흥 선도국이라는 개념에 주목하려 한다. 거기에는 지금까지 한국의 발전 모델을 넘어서겠다는 희망이 전제되어 있다. 지금까지는 서구 발전 과정을 모방하고 추격$^{catch-up}$하는 과정에서 이룬 발전이라면, 새로운 모델을 창의적으로 모색하여 성장의 길을 찾겠다는 의미도 있다. 이는 화석연료 기반 산업화 시대가 거의 끝나가면서 4차 산업혁명^{형} 발전모델의 모색이라는 시대적 추세와도 밀접한 관련이 있다. 세계자본주의 체제의 안행형 모델$^{flying-geese\ model}$에 부분 변형이 가능해졌다는 뜻이다. 정체성보다 더 중요한 것은 전략가들의 생각과 상상이다.

　미래를 구상하는 지적^{知的} 작업은 어떤 생각으로부터 시작되어야 할 것인가? 미래는 아직 만나지 못한 시간대를 일컫는다. 그러므로 그 어떤 것도 확실하지 않다. 인간이 가지는 근본적 불안감은 이런 불확실성에서 비롯된다. 미래 시간과 조우하기 이전까지 인간들은 근원적 불안감을 쉽게 떨쳐내기 어려워한다. 불확실성에서 야기된 불안감 때문에 미래를 전망과 예측의 대상으로 삼기도 한다. 따지고 보면, 근대 이래 사회과학 연구 방법도 인간 행동 및 사회현상에 대한 전망과 예측이 목표였다. 과거 현상 속에서 발견한 법칙과 패턴을 찾아 그 통로를 통해 미래를 미리 알고 싶어 했다. 그러나 인간 지식의 한계 때문인지 21세기 현재의 지점에 이르러서도

100% 정확한 미래 예측 기법을 개발했다는 얘기는 아직 요원하다.

"갈등이 불가피하다고 믿으면 그 믿음이 미래 갈등의 원인이 될 것이다.^{Beliefs in inevitability of conflict will become a source of future conflict.}"

10년 전, 미국 국제정치학계의 석학 조지프 나이^{Joseph Nye} 교수가 일본의 유명 사립대학 강연장에서 했던 말이다. 미중관계의 미래가 갈등 관계가 될 것인지를 묻는 일본 학자의 질문에 대한 답변 중 그는 유독 이 문장을 힘주어 말했다. 그로부터 10년이 지나, 오늘날 전개되고 있는 미중 전략경쟁 양상을 보면 그의 우려는 오히려 현실이 되었다. 일견, 10년 전 그의 주장은 공허한 외침이었는지도 모른다. 그러나 그 반대의 추론도 가능하다. 얼마나 많은 전문가와 정책결정자들이 그의 우려를 귀담아들었을까? 10년 전 미중 갈등의 증폭은 이미 그 시점에 세팅되어 있었을까? 아니라면 지난 10년간 세계 각지의 전략가들이 미중 갈등 불가피 담론을 재생산하고 심화시켜왔던 것은 아닐까? 나이 교수는 '열려 있는' 미래에 대해 말하고 싶어 했을 것이다.

미래란 이미 정해져 있는 어떤 것은 결코 아니다. 인간 외의 어떤 존재가 미리 정해둔 어떤 것도 아니다. 미래구상은 그 전제로부터 시작되어야 한다. 현재를 사는 사람들의 미래상^{未來像}을 실천하려는 의지를 가질 때 미래는 하나둘씩 현실이라는 이름으로 형상화되어 나타난다. "평화를 원하면 평화로운 미래를 먼저 상상하라, 그리고 그 상상을 널리 전파하고 많은 사람들과 나누어 가져야 한다." 유엔평화대학의 설립 취지이기도 하다. 미래는 이미 존재하는 것이 아니라 이제부터 만들어가는 것이다. 그런 의미에서 볼 때 '미래는 미래를 구상하는 전략가의 머리에서 시작된다'는 논변은 다소 과장되긴 해도 크게 틀린 말은 아니다. 더 확장하여 말하자면 '미래 예측의 가장 확실한 방도는 미래를 만드는 것'이라는 표현도 황당무계한 말이라고 폄하할 일이 아니다. 미래구상에는 단순히 상상의 영역에 관한 것이 아니라 실천 의지라는 현재적 의미가 내포되어 있다. 상상과 현재를 연결하는 실천의 통로가 바로 전략이다. 시대 통찰력은 전파되지 않으면, 그래서 공감대를 갖지 못하면 실천성을 갖기가 어렵다. 통찰력이 시대 담론이 되고, 그것이 전략의 형식으로 구상되는 과정, 그리고 전파되고 실천되는 모든 과정이 미래구상의 요체라는 점을 나이 교수의 논변이 새삼 상기시킨다.

전략을 구상한다는 것

전략은 미래를 향한 길을 디자인하는 행위다. 전략이라는 단어는 사용처가 다양하다. 정치, 경제, 사회 등 인간사 거의 모든 영역에 등장하고 소비되는 단어다. 개념의 범위도 이중적이다. 광의적 의미로 쓰이기도 하고 협의적 배경으로도 사용된다. 협의로 사용할 때는 '전략적 행동'이나 '전략적 판단'처럼 뭔가 치밀하게 계산을 잘해 둔 구체적 행위나 판단을 의미한다. 국가전략 구상에 있어 전략의 개념, 그리고 정책과 전략의 관계를 미리 설정해두는 것이 필요할 것이다. 전략은 사유와 행위의 결합, 성찰과 상상과 실천 의지의 결합이다. 그것이 정치적으로 선택되어 현장에 드러나는 모습이 정책이다. 따라서 전략을 정책의 해석적 토대, 정책보다 상위적 개념, 그리고 포괄적 의미로 사용하고자 한다.

〈전략구상: 분석의 단계〉

전략은 미래를 만들기 위한 구상이다. 단순히 상상만으로 미래를 만들어 낼 수는 없다. 전략구상은 두 단계로 이루어져 있다. 하나는 분석이고, 다른 하나는 기획이다. 그러므로 전략구상은 무엇을 분석하고 어떤 해법을 제안하느냐의 지적 과정으로 귀결된다. 요컨대, 현재 도달해 있는 국가의 시대적 좌표를 세밀하게 분석해야 문제점이 드러나 보인다. 그리고 그 문제점 해결을 위한 노력을 기획하는 일이 전략인 셈이다. 비유하자면 전략구상이란 의사가 환자를 진단하고 처방전을 발행하여 치료하는 일과 같다. 진단이 분석이라면 처방은 기획이다. 진단은 냉철한 머리로 해야 한다. 그러나 의사가 환자를 살리려 분투하듯 처방과 기획에는 뜨거운 열정의 가슴이 필요할 때가 있다.

무엇을 분석 대상으로 삼을 것인가? 우선 국가가 현 좌표에 도달하게 된 궤적에 대한 분석이 필요하다. 과거, 즉 역사 속 현상들을 분석하는 일이다. 대부분 인문사회과학의 연구가 그러하듯 역사적 궤적 속에 나타났던 현상은 인과관계를 중심으로 해독하는 것이 일반적 논증법이다. 인과관계라는 통로를 통해 독해한다는 것은 현상의 여러 원인을 분류하고 그것을 결과와의 관계성에서 설명력을 찾는다는 뜻이다. 지식은 이 과정에서 논증의 핵심적 자산으로 작동한다.

그중에서도 전략과 실천(정책)을 만들어냈던 기존 전략 패러다임에 대한 성찰은 필수적이다. 국가행동과 국제질서 성격에 대해 무엇을 전제로 하고 있었고, 어떤 대안을 우선순위로 간주했는가 등의 질문을 던지고 꼼꼼하게 리뷰해야 한다. 이 과정은 기존 전략 실천에 대한 일종의 피드백*feedback* 과정이기도 하다. 결국, 지금의 좌표를 결과물로 만들게 되었던 원인들을 분석하자는 것이다. 피드백의 핵심은 과거 전략에 대한 교훈을 되새기는 일이다. 분석자에게는 자신의 존재론적 한계나 이념적 규격을 벗어나 최대한 객관성을 유지하려는 태도가 필요할 것이다.

국가를 둘러싼 환경 분석도 필수적이다. 분석 대상으로 삼아야 하는 환경적 요인에는 국제환경, 즉 세계의 정치경제적 움직임이 포함된다. 변동의 과정과 추세를 면밀히 분석해야 한다. 거기에 더하여 타국의 전략과 행동에 대한 분석도 필요하다. 국가행동의 패러다임적 전제, (국가 내부의) 담론의 영향, 정책적 우선순위의 배열과 실천과정을 살펴봐야 할 것이다. 국제질서의 성격도 분석에 포함시켜야 한다. 어떤 특징을 보이는 국제질서의 성격인지 분간해 내는 일이 중요하다. 이를테면 안정적 질서인지, 혹은 불안정한 특징을 보이는지, 더 나아가 어떤 추세로 변화할 동력을 가지고 있는지 독해하고 분석하는 일이 중요하다.

〈전략구상: 기획의 단계〉

전략구상의 두 번째 단계, 즉 문제 해결을 위한 해법을 제안하는 기획 단계에서도 고려해야 할 조건들이 있다. 우선, 전략 실천의 방식에 관한 것이다. 선제적^{proactive} 행동을 선택할 것인지 혹은 반응적^{reactive} 전략이 효과적일 것인지 각각의 유용성을 구분하고 판단하는 일이 중요하다. 어떤 나라이건 반응적 전략과 선제적 전략 판단 모두를 전략 기획 범위 안에 포함해 둔다. 국가 사이즈나 영향력 크기와는 관련이 없다. 모든 강대국들의 전략이 전부 선제전략 일색일 수는 없고, 약소국이라고 대외전략이 반드시 반응전략 중심일 수밖에 없다는 판단도 옳지 않다. 다만, 타국의 선^{先}행동에 대해 반응 중심으로 일관하겠다는 판단이 수동적 자세라는 점은 지적해 둘 필요가 있다. 그런 수동적 생각에서 벗어나겠다는 의지가 우선 중요하다. 반응 전략의 핵심은 일종의 대응전략$^{tit-for-tat}$인데, 타국 행위를 봐가며 전략 범위와 내용을 정한다는 뜻이다. 조건부적 대응이라는 의미도 있고, 가변성이라는 의미도 내포되어 있다. 이를테면 북한의 '선대선', '강대강'이라는 전략구상도 여기에 해당된다. '상호주의^{reciprocity}'라는 개념과도 일맥상통하는 면이 없지 않다. 대응의 원칙으로는 의미가 있다. 그러나 거기에 내재된 수동성에 불필요하게 위축되지 않으면서 전략 실천 방도의 능동성을 장착해야 선도의 기회가 생긴다. 기획을 '창의적 생각들의 조직화'라고 규정한다면 선제적 전략 방식을 우선 고려할 필요가 있다. 다만, 반응적 대응과 능동적 구상 간에 균형을 이루겠다는 판단도 중요하다. 또한 선후관계, 즉 순서^{sequence}를 고려하여 실천과정에 배열하는 일도 전략 기획 단계에서 빼놓을 수 없다. 전략구상이 낙관주의 일색인 것도 문제지만, 그렇다고 비관주의로 일관하게 되면 상상과 기획의 의미가 퇴색된다.

선제적 방식이나 반응적 행동과 관련이 있는 것은 전략이 현상 유지$^{status\ quo}$를 지향하느냐 혹은 현상 변경$^{revisionist\ behavior}$을 목표하느냐의 선택 문제다. 이 역시 선택의 문제이지 가치의 영역은 아니다. 둘 중 무엇이 더 바람직하고 다른 것은 덜 바람직하다의 구분 문제가 아니다. 국가가 처해있는 조건과 상황에 따라 선택이 달라질 수 있다. 현상 유지/변경의 판단 기준은 기대 이익에 대한 계산이다. 기존 전략을 유지하여 이익이 비용보다 더 많다고 판단되면 기존 질서와 체계를 구태여 변경할 이유는 없어진다. 그 반대의 경우도 마찬가지다. 국가 대외전략의 모든 영역을 전부 현상 유지 혹은 현상 변경으로 통일할 필요는 없다. 전략 분야에 따라 선택지가 달라질 수 있다. 다만, 현상 유지 전략보다 현상을 변경하고자 분투할 때 더 많은 창의성이 요구되는 것은 사실이다. 따지고 보면, 이런 가변적 판단도 외교 공간을 확장하고자 하는 외교 유연성 원칙과 관련이 있다. 이에 더하여 국가 이익에는 단기적, 장기적 이익이 있고, 유형적 이익과 무형적 이익으로 구성되어 있음도 전제해야 한다.

이익계산에 더하여 또 하나 고려해야 하는 요인은 '비용'이다. 불필요한 비용을 줄이는 것은 전략구상 과정에 필요한 합리적 판단의 하나다. 국가 행동을 크게 두 유형으로 구분하면 위험 회피$^{risk\text{-}avoiding}$ 행동과 위험 감수$^{risk\text{-}taking}$ 행동으로 구분할 수 있다. 위험에 대한 판단은 예상 비용에 대한 판단이기도 하다. 기대 비용보다 기대 이익이 크다고 판단하면 위험 감수 행위를 주 전략으로 삼을 수 있다. 그 반대의 경우라면 위험 회피 전략을 중심으로 기대 비용을 줄이는 방법이 전략적으로 더 현명하다. 위험 감수 행동은 기회 포착$^{opportunity\text{-}taking}$ 또는 기회 확장의 전략이기도 하다. 위험 감수와 기회 포착/확장 행동은 전략 공간의 가동 범위를 넓혀야 비로소 가능해진다. 위험 회피 전략은 주로 안정적 관리를 추진할 때 고려될 수 있으며, 위험 감수나 기회 확장은 돌파 국면에서 전략적 대안으로 간주될 수 있을 것이다.

전략 기획 단계에서 마지막으로 고려해야 하는 요인은 전략 실천 과정에 동원할 수 있는 자원의 가용성$^{resource\ availability}$에 대한 판단이다. 국가 간 관계에서 전략 실천에 필요한 영향력의 행사는 대개 처벌과 보상, 그리고 설득의 과정을 통해서다. 국력을 구성하는 다양한 요인, 즉 경제력, 군사력, 인구, 부존자원, 정보자산, 네트워킹, 문화적 수단이 이러한 목표를 위해 동원된다. 동원될 수 있는 자원이 있어야 모든 전략은 비로소 실천 모드로 전환될 수 있다. 무엇보다 중요한 것은 국민의 지지를 포함하는 국내정치적 자원일 것이다. 국민적 단합이나 사기^{士氣}는 국력의 무형적 요소이기도 하다. 특히 국내정치적 자원을 전략 추진을 위해 효과적으로 동원하는 일, 혹은 국민의 자발성을 요청하는 일은 정치적 리더십과 밀접히 관련되어 있다. 정치적 리더십은 전략의 실천 의지 영역이라는 점도 자명하다.

정치적 리더십은 전략의 분석, 기획, 발신, 실천의 전 과정에 작동하는 핵심 요소다. 전략은 대개 전략가들의 미래구상에서 시작되지만, 전략가들의 머릿속이 유일한 출발지라고 단정지을 수는 없다. 미래구상이란 넓게는 동시대 지식인의 책임이기도 하고, 더 나아가 집단지성의 형식으로 표현되는 보통 사람들의 시대 소명 의식이기도 하다. 그러므로 국가전략의 주체는 다양해야 한다. 정부, 정권, 집권 세력은 물론, 국가-시민사회의 관계를 고려해야 하며, 국가-시장의 협력과 긴장 관계도 국가전략에 포함되어야 할 주체의 문제다. 추상적 개념의 국가를 '거버넌스'로서의 국가로 이해하여 접근하는 일도 그래서 중요하고 필요하다. 그러나 가장 핵심적 요소는 국가전략의 기획과 실천과정을 포괄하는 정치적 의지다. 특히 전략적 사고를 충분히 내장하고 있으면서도 분별력 있는^{prudent} 정치 지도자의 역할과 존재는 매우 중요하다. '거인의 어깨 위에 서서' 역사의 궤적과 미래를 향한 길을 통찰할 수 있는 능력을 갖춘 정치 지도자여야 전략이 비로소 현실영역에 단단하게 뿌리내릴 수 있을 것이다. 균형감각 또한 정치 지도자가 고려해야 할 덕목의 하나다. 희망과 현실적 제약 사이의 균형, 이익과 비용 사이의 균형, 장기적 이익과 단기적 성과 사이의 균형, 가치와 이익 사이의 균형감을 갖춰야 분별력 있는 리더십이라고 할 수 있다. 이 점은 전략가들에게도 예외가 아니다.

전제에 관한 몇 가지 생각

 전략의 분석과 기획 단계에서 '전제^{assumptions}'에 대해 몇 가지 고려해야 할 것들이 있다. 전제는 모든 해석과 설명, 논증의 시작점에 놓인 판단이다. 우선, 국가행동에 대한 단순 전제를 피해야 하는 일이다. 국가를 일원적^{monolithic} 행위자로 전제하면 설명은 단순해지겠지만, 국가 내부에서 작동하는 다양한 행위자에 대한 시각, 국가 이익의 복합적 구조를 놓치기 쉽다. 국가의 대외적 행동에 영향을 미치는 다양한 국내적 원인들을 자칫 간과하게 될 우려가 있다. 더욱이 특정 국가의 행동을 단순한 특정 이미지로 단순화해 버리면 세밀한 분석보다는 오히려 편견이 작동할 위험성이 커진다. 편견은 오인^{misperception}의 원인이 되고 전략 기획의 방향을 왜곡시킬 우려가 있다. 특히 특정 국가에 대한 편견의 함정에 빠지게 되면 감정이나 심리적 요인에 의해 이익에 관한 합리적 판단과 전략 기획의 전^{全} 과정을 압도당할 수 있음도 지적해둬야 한다.

 국제관계의 패러다임을 어떻게 간주할 것인가도 전략의 분석과 기획 단계에서 생각해봐야 할 주제다. 국가 간 관계의 현실이란 간결해진 이론과 달리 매우 복합적이다. 어떤 이슈들은 현실주의의 전제를 따라 작동하는가 하면, 또 다른 영역은 자유주의 패러다임에 근거하여 진행된다. 따라서 하나의 패러다임을 선택하여 모든 현상을 다 설명하기는 불가능하다. 사실, 패러다임, 시각, 이론, 개념 등은 모두 관념 영역의 도구들이다. 현실을 이해하고 인식하는 통로로서 기능하지만, 현실과의 조응성은 완벽하지 않다. 국제정치의 패러다임에는 시대에 따라 주류와 비주류의 시각들이 경합해 왔다. 중요한 점은 주류적 패러다임이 유일한 패러다임은 아니라는 사실이다. 대외전략의 모든 분야를 하나의 이론적 전제로 통일하여 분석하고 기획하겠다고 전제할 이유가 없다는 것이다. 국제정치 현장에서 관찰되는 현상에 대해 현실주의와 자유주의 시각은 각각 다른 해석과 상이한 해법을 제안한다. 이론 혹은 이론적 전제는 현상의 설명에 도움이 될 수 있으나, 전략가가 어떤 패러다임을 선택하겠다는 결정 자체가 전략구상의 필요조건이라고 전제할 이유는 없다. 현상은 선행先行하여 존재하고 이를 설명하는 이론(시각)은 후행後行한다. 전략구상에서 그 관계를 역순으로 접근할 수는 없다. 꼬리를 흔들어 몸통을 흔들 수는 없다. 단순 전제의 함정에 빠지지 않는 일이 더 중요하다.

전략 기획 단계에서 국제정치 현실주의 시각만을 선택하는 경우가 하나의 예가 될 수 있다. 안보의 자강론, 억제론 등의 전략적 선택은 현실주의 시각에서 설명과 논리적 당위성이 비교적 수월한 주제다. 그러나 국제관계 속성을 단지 힘의 관계로만 전제하게 되면 상대적으로 힘이 약한 국가들의 전략은 상상의 단계에서부터 위축되기 쉽다. 기획의 대안들이 제약된다는 것이다. 이는 국제정치 '구조론'의 함정이기도 하다. 구조는 체제*system* 내 단위들의 배열 관계를 일컫는 추상적 개념이다. 배열 방식이 힘의 크기에 의해 정해진다고 간주하는 것이 현실주의 구조론이다. 전제와 논리가 단순화될수록 추상성은 높아지지만, 실제 현실과는 간극이 더 생긴다. 더욱이 전략 기획의 관점에서 볼 때, 구조론의 전제에 빠지면 나라 밖의 정치적 결정들을 수동적으로 수용하고 순응하는 것이 국가 대외전략의 주종이 되어 버릴 위험성이 커진다. 구조론 밖의 전제들, 이를테면 국가의 의도*intentions*를 외면할 가능성이 높아지기도 한다. 물론 현실주의 구조론을 비판하여 전략적 수동성을 극복하고 싶다고 해서, 한국의 대외전략이 국제질서를 모두 주도할 것이라고 전제할 수는 없다. (초)강대국들의 힘과 의도가 작동하는 가운데서도, 상대적으로 힘이 약한 국가들의 전략 공간이 전혀 없는 것은 아니라고 전제하는 것이 오히려 더 중요하다. 따라서 국제질서의 좌표와 추세를 독해하되, '어쩔 수 없다'며 쉽게 체념하는 인식을 극복해야 전략구상의 첫 스텝이 가능하다. 미완의 지식 세계를 수용하여 국가나 국제질서에 대한 단순 전제 속에 함몰되지 않으려 노력하는 것이 전략구상 과정에서 생각해봐야 할 일들이다.

세계의 중심으로 가기 위한 미래전략

미래 세대를 위한 국가전략 구상으로 선언하지만, 어느 미래 시점을 특정하기는 어렵다. 앞서 언급했듯이 미래 세대는 현재 한국이 처해있는 좌표로부터 이행되어 나타나게 될 미래의 지점과 만날 것이다. 따라서 우선 필요한 것은 한국이 직면하고 있는 시대적 현상들을 독해하는 일부터다. 미래구상은 그 지점에서 시작되어야 할 것이다. 예컨대 역병疫病의 시대 속에 놓인 현시점에서는 포스트 코로나 국제질서로의 이행을 상상해 봐야 한다. 마치 전쟁이 국제질서 변동의 원인이 되었듯이 코로나 이후 국제질서는 크게 요동치며 변화의 양상이 드러날 것이다. 전쟁은 경제 전반에 걸쳐 영향을 미친다. 생산, 공급, 재정, 소비, 교역 등 모든 분야다. 따라서 전쟁은 개별국가의 국력에 영향을 미치고 그 차이는 전쟁이 끝난 이후 국력 배분 구도에 변화를 만들었다. 그것에 따라 질서 변화의 메커니즘이 작동하곤 했다. 근현대 국제정치 역사와 전쟁의 관련성이 그것을 증명한다.

코로나는 인명 손실의 결과를 낳는 감염병 위기만은 아니었다. 주요 국가들의 경제 능력에 심대한 충격을 주었다. 감염병 위기를 대처하는 과정에서 국가별 국력 손실과 증대의 차이가 드러났다는 의미다. 현재까지 한국의 코로나 대응능력은 대체로 성공적인 것으로 세계적 주목을 받고 있다. 세계적 위기 가운데서도 경제력 손실을 가장 적게 입은 국가의 하나다. 산업화와 민주화 이후 국력 성장의 추세와 맞물리면서 포스트 코로나 질서에서 한국의 위상 변화 가능성이 더 커졌다. 세계의 중심으로 이동하기 위한 새로운 포지셔닝 전략구상이 꼭 필요한 배경이기도 하다.

신흥 선도국이라는 정체성으로 세계의 중심으로 진입하기 위해 새로운 포지셔닝 전략이 필요하다. 그 핵심에는 외교 유연성이 있다. 외교 유연성에는 미래 한국 외교전략이 장착해야 할 창의적 발상과 능동적 행동, 환경 적응성과 가변성 등의 개념이 포함된다. 외교 유연성의 원리에 따라 피버팅 전략, 공동체주의 전략, 소다자주의 전략, 가치와 이익 사이의 균형적 외교전략, 역사와 미래 사이의 투트랙 전략 등의 실천 방도를 모색할 수 있을 것이다. 유연한 대응 원리가 외교 공간 확대의 토대가 된다는 의미다. 그래야 한국의 대미전략, 대중전략, 대일전략의 기본 구도, 그리고 기존 4강 중심 외교를 넘어 외교 다변화를 위한 전략구상이 가능해질 것이다.

한반도 분단의 평화적 관리는 한국 대외전략의 핵심 영역이다. 한반도 평화는 미래 대외전략의 핵심 전제여야 한다. 한반도를 적대적 공존 방식에서 평화적 공존으로 진행시켜야 세계 속 한국의 포지셔닝이 가능해질 것이다. 평화공존은 남북관계 및 관련 국가들과의 사이에 작동해야 하는 관계 양식이다. 공존이 양식을 의미하는 개념이라면 그것의 제도적 장치는 평화체제$^{peace\ regime}$다. 한반도 평화체제는 민족 내부 영역$^{intra-national\ dimension}$과 국제관계 영역$^{inter-national\ dimension}$이라는 이원성의 구조를 가진다. 한반도 평화체제 수립에 필요한 다양한 장치들, 이를테면 남북한 간 정치적 합의틀, 평화경제의 논리, 군사적 신뢰구축을 위한 비핵화와 군비 통제의 방식, 사회

문화공동체 형성을 위한 전략적 구상, 그리고 한반도 평화체제 유지를 위한 동북아 평화체제의 실천 방안 등을 폭넓게 구상해야 한다.

한국은 세계에서 가장 안전한 국가여야 한다. 그 명제 위에서 '보다 안전한 국가'로 나아가기 위한 전략구상은 더 창의적이고 치밀하게 모색되어야 한다. 대외적 환경으로부터 국가의 안전을 확보할 방법은 다양하다. 자강론을 통한 군사력의 확보는 약소국 경험을 지닌 한국에게 매우 중요한 전략구상이다. 그러나 그것이 전부가 될 수는 없다. 동맹과 억제전략도 핵심이지만 지역적 환경과의 관계 설정, 즉 외유내강外柔內剛형 외교전략과의 결합도 안전국가 담론에서 빼놓을 수 없다. 자강론의 논리가 자칫 무한대의 군비 경쟁으로 확장되지 않도록 균형적인 전략구상과 담론도 필요하다. 팬데믹 상황이 야기한 위협을 고려하면 군사적 능력(화력과 전략의 능력)에 더하여 위기로부터 회복할 수 있는 능력, 위기관리의 효율성도 안전국가 한국이 더 보강해야 할 국가 능력의 요소들이다.

한국은 통상국가다. 글로벌 통상환경과 산업환경 변화 추세를 분석하여, 통상산업 선도국으로 발돋움해야 할 미래 지향의 전략을 신흥 선도국의 미래전략에 포함시켜야 한다. 최근 한국은 반도체와 배터리 등 선도산업 부문에서 괄목할만한 성장세를 보여왔다. 제로섬 게임 방식의 통상 전략이 아니라 글로벌 통상의 네트워크 속에서 협력과 공유이익을 확장해 나가려는 국가전략이 한국 미래구상의 핵심이다. 치열한 경쟁 양상을 보이는 글로벌 공급망 재편과정에 한국은 새롭고 능동적인 포지셔닝 전략을 구상해야 한다. 통상국가 한국의 국부國富 증진 과제는 물론, 성장 담론과 직결되어 있기 때문이다. 세계 시장을 향한 협력의 확장전략은 이익의 교환 규모, 공유 이익의 지경학적 공간을 늘리는 것에 있다. 개방성의 원칙을 유지하면서 특정 지역에 대한 의존성을 줄여나가는 공급망 다각화 전략의 구상을 준비해야 한다. 특정 지역이나 국가에 대한 일방적 의존성을 벗어나 글로벌 네트워킹에 다각적으로 참여하는 것이 미래 경제안보 전략의 핵심이기도 하다. 이를 위해 유연성의 원칙은 통상 국가전략에서도 기초 원리여야 한다.

문화 능력은 국가 연성 권력의 주요 구성 요소다. 세계를 향한 선한 설득력의 원천이기도 하다. 한국이 문화 역량에서 수월성을 확보하겠다는 의지는 세계의 중심으로 진입하고자 기획하는 신흥 선도국 전략의 핵심이다. 문화 생산자는 민간 영역이지만, 문화 콘텐츠가 국경을 넘을 때 국가 브랜드로서 정체성을 가진다는 점에서 문화는 국가전략의 한 부분이다. 국민들의 문화적 자긍심이 세계를 대하는 능동적 태도에 영향을 미친다는 점에서도 대외전략의 한 영역이기도 하다. 국경을 넘는 문화 교류는 상호작용 현상이며, 따라서 공감대 형성이 기본 전제여야 한다. 개방성과 쌍방향성의 협력 전략, 문화 산업과 문화 협력 간의 연계성 전략, 융합성과 유연성의 교류협력 등의 분야에서 전략구상과 실천이 필요할 것이다.

세계의 중심으로 진입하겠다는 의지는 선언만으로는 가능하지 않다. 세계 정치경제의 진행 과정에 한국이 책임감을 가지고 인류 발전에 기여하겠다는 규범적 문제이기도 하다. 생명, 평화, 자유, 평등, 환경보전 등 인류보편적 가치를 한국 사회 내부의 규범으로 내재화하는 한편, 그 인식적 공감대를 대외적으로 실천하겠다는 태도가 중요하다. 배타성의 유혹을 극복하는 일이 우선 중요하다. 민족적 자긍심을 가져야 하되, 민족주의가 드러내기 쉬운 배외(排外)주의 속성(xenophobia)을 극복해야 한다는 당위성이다. 보편적 가치를 장착한 외교여야만 국제 담론 경쟁에서 당당한 위치를 가질 수 있다.

세계와의 소통이 결정하게 될 한국의 미래

　세계의 중심을 향한 한국의 미래전략을 관통하는 철학적 핵심 가치는 평화일 것이다. 평화에 이르는 길은 다양하기도 하고, 이론 영역은 물론 정치 현장에서조차 복합적으로 결합되고 혼재되어 있다. 그러나 철학적 원리로서의 평화는 글로벌 보편가치의 하나다. 갈등과 폭력에 희생되어왔던 한국의 역사를 반추할 때 평화를 대외전략 제반 영역에 내장시키고 투사하는 일은 시대적 소명에 가깝다. 보편적 규범을 발신함으로써 국제적 규범과 담론 경쟁에서 도덕적 우위를 선점할 수 있기 때문이다. 세계의 변방에서 세계의 중심으로 진입하면서, 그리고 세계의 발전을 선도하겠다고 자임하면서 갈등과 폭력의 전략을 앞세울 수는 없다. 평화는 국제관계의 목표이기도 하지만 과정이기도 하다. 동시에 국가 행위의 수단이고, 그 수단을 정당화하는 규범이기도 하다. 평화 가치를 앞세워야 예방 외교를 강조하고 중재 역할을 자임하는 균형 외교전략도 가능해진다. 한반도 평화 없이 동북아 평화는 불가능하다는 사실은 그 자체로서 자명한 이치이기도 하거니와 한국의 대외전략 전반을 포괄하는 철학적 전제이기도 하다.

　대결보다는 평화 가치를 실현하겠다는 의지를 가져야 외교적 공간도 확대할 수 있다. 외교 유연성도 비로소 실천성을 가지게 될 것이다. 이념대립의 냉전형 진영화 논리에 협착되면 한국 외교가 움직일 수 있는 공간은 그만큼 협소해진다. 협착 구도를 타개해 나가는 논리로서 평화 추구가 가장 적절한 논법이다. 평화를 전면에 주창함으로써 우호 감정과 적대 감정을 혼성화시킬 수 있다. 평화를 강조해야 통상 이익의 확장도 가능해질 것이다. 평화와 안정 속에서라야 나누어야 할 이익 범위도 커지는 법이다. 자강론을 통한 국력 성장과 억제력의 강화도 외유내강의 평화외교와 결합해야

다면성과 유연성을 확보할 수 있다.

세계의 평화와 인류의 공동번영은 부정하기 힘든 보편가치다. 평화라는 외교전략의 규범, 이익공유의 확대를 추진하기 위해서는 국제적 담론 경쟁에 설득력을 가져야 한다. 공공외교는 국가 이미지, 문화적 대화뿐 아니라 정책적 의도를 타국 대중에게 전달하는 정책 공공외교도 포함한다. 세계의 중심에서 외교 영향력을 확대하려면 경성 권력보다는 연성 권력을 통해 선善한 설득력을 강화하는 것이 더 유리할 것이다. 대외적으로 유연하고 평화와 공공번영의 가치를 대외전략의 기조로 강조하면서 동시에 대내적으로는 스스로 국가 능력을 키워나가는 국민들의 노력이 미래전략의 핵심이다. 이른바 외유내강의 전략이 미래 시대 한국에게 요구되는 전략적 지혜다.

동북아 지역에서 근대가 개시된 이래 한국과 한국인의 역사적 운명을 결정했던 중요한 분기점에는 대부분 나라 밖의 정치적 결정들이 주된 동력으로 작동했다. 제국주의 열강들의 침탈 대상이 되었고, 그 결과 식민지로 전락하는 고통을 강요당했다. 한반도의 분단과 전쟁, 그리고 그로 인한 남북한의 끝없는 증오와 불신, 대립도 냉전이라는 국제적 환경이 한반도에 투사되었던 결과였다. 국제정치 영역에서 작동했던 결정요인으로 인해 한국의 정치적 운명에는 대부분 비극의 색色이 짙게 채색되어 있다. 그 비극을 가장 극적으로 승화시키는 방법을 이제 한국인들은 실천하려 한다. 희생을 강요당한 민족이었기 때문에 도덕적 명분과 정당성도 충분히 내장하고 있다. 비극의 역사를 딛고 일어선 그 굳건한 의지로써 세계의 중심으로 들어가 세계를 선도하려는 책임을 자임하려 한다.

과거의 역사 분기점마다 그랬듯이, 미래 한국의 운명 또한 세계와 어떤 방식으로 지혜롭게 소통하느냐에 달려있다. 과거처럼 나라 밖에서의 일방적 결정에 따라 한국의 운명과 방향이 속절없이 흔들리는 그런 패턴은 다시는 반복되지는 말아야 할 것이다. 최소한의 희망이기도 하고 결심이기도 하다. 다른 국가와 관계를 맺는 방식을 제대로 설정해야 하고 국제질서의 변화 추세에 적극적으로 편승해 가야 한다. 그 과정이 국가의 대외전략으로 구상되고 기획되어야 할 전략 주제다. 팬데믹의 어둠이 걷히고 나면 세계 질서는 더욱 큰 변동의 양상을 보일 것이다. 글로벌 거버넌스와 네트워킹의 양식도 한층 파편화되고 복잡해질 것이다. 그만큼 불확실성의 가능성도 커질 것이다. 미래 세대를 위한 국가 청사진을 모색함에 있어 국경 밖의 세계와의 관계를 어떻게 설정하느냐는 그래서 더 중요한 과제가 되었다. 그런 의미에서 한국의 미래는 한국을 둘러싼 세계와 지혜로운 소통에 달려 있다고 해도 크게 틀린 말은 아니다. 이러한 전략 기획의 작업을 통해 국가 역량을 정비하고 확장해 나가는 과정 자체가 한국의 미래 운명을 결정하게 될 것이다. 그런 의미에서 미래전략의 구상과 실천은 정치 지도자, 전략가뿐 아니라 전략적 창의성을 내장한 국민 전체의 몫이어야 할 것이다.

"미래 세대를 위한 한국 대외전략"『NRC 2021 세계전략연구회 최종보고서 요약집』(경제인문사회연구회·대외경제정책연구원, 2022) 서문을 고쳐 쓴 글이다.

더 나은 내일을 향한 열망

"높은 수준의 만족도를 향한 기대감은 희망이라는 단어의 또 다른 표현이다."

서울 모 대학 국제학부에서 가르치고 있는 외국인 교수와 대화를 나눴을 때였다. 그는 한국인 학생들이 지금의 한국 사회에 대해 불만이 있다는 것에 놀라워했다. 현재 한국의 경제적 상황에 대해서, 그리고 정치와 복지, 교육환경에 만족스럽지 못한 것들이 너무 많다며 비판하더라는 것이다. 그래서 그는 되레 '한국이 불과 20~30년 전과 비교하면 너무도 발전한 것을 아느냐', '세계 다른 나라들의 사회경제 상황과 비교하면 한국이 가진 제반 조건들은 비교조차 되지 않을 수준의 훌륭한 것'이라며 학생들을 위로했다는 것이다.

나의 의견을 물었다. 한국의 젊은이들이 가질법한 불만, 기회 박탈에 따른 상실감, '헬조선' 등의 단어들이 먼저 떠올랐다. 그러나 엉겹결에 튀어나온 나의 대답은 '한국인은 만족도의 기대 수준이 높다. 이전에도 그랬고, 지금도 그렇다. 앞으로도 그럴 것이다'였다. '그것이 한국의 발전 동력'이라고도 덧붙였다. 그러다 보니 대화의 주제는 자연스럽게 한국의 발전 과정과 20세기 후반기 세계사에 드러난 한국의 성공 스토리, 발전과 성공에 대한 사회과학적 설명으로 이어졌다. 더불어 영화 '국제시장 *Ode to My Father*'에 대한 해석, 즉 보통 사람들의 헌신이 한국 현대사의 주역^{主役}이었다는 해설까지로 이어졌다.

한국인의 맵고 높은 눈

만족을 지향하는 높은 기대감은 현실에 대한 불만족이나 비판의식과 동전의 양면을 이룬다. 세계 유수 기업들의 IT 제품, 뷰티 관련 제품의 시장성 성공 척도가 한국인 소비자들의 최초 판단에 달려있다는 우스개 같은 소리도 따지고 보면 한국인의 높은 판단 기준을 전제로 한 것이다. 제품에 대한 기대감이 높아야 불편한 점들이 보인다. 그래서인지 한국 소비자들은 사용상 작은 불편함이나 불량을 콕 집어 잘도 찾아낸다는 평가를 듣는다. 요컨대 '눈이 맵고 높다'는 것이다.

만족도의 높은 기대감은 '더 잘 될 수 있다는 생각을 포기하지 않겠다'는 의지이기도 하다. 완벽을 지향하는 끊임없는 추동력이 핵심이다. 더 나은 미래에 대한 끝없는 갈망의 다른 표현이다. 현 상태로는 '결코 만족하지 않겠다'는 결의들이 한국 사회에 넘쳐난다. 이전에도 그랬다. 그것이 향상^{向上}의 동력, 발전의 에너지가 되었다. 한국인의 특성을 나타내는 표현으로 '빨리빨리'가 있다. 행동의 신속함을 요구하는 단어일 테지만, 해결을 촉구하는 심리이기도 하다. 만족을 향한 갈망은 '빨리빨리'와 더불어 한국적 역동성$^{Korean\ vitality}$의 한 조건인지도 모른다.

어쩔 수 없다는 생각

이것과 대비되는 것은 '어쩔 수 없다'는 심리상태다. 성취가 불가능하다고 판단하면 그것을 현실의 한 부분으로 받아들이겠다는 체념이다. 변화에 대한 기대를 접겠다는 자포자기의 심정이기도 하다. '어쩔 수 없다'는 표현들은 다양한 영역에서 소비되어왔다. 예컨대 인도의 카스트 제도처럼 계급사회의 유지와 종교적 교리와의 연관성에서 자주 작동하는 심리가 '어쩔 수 없다'는 체념이다. '이번 생은 틀렸다'라며 자탄하고는 이승의 고통을 받아들이게 된다. 현세의 고통은 마치 숙명 같은 것이라 묵묵히 받아들이는 것을 되레 미덕美德처럼 간주하기도 한다. 체념의 심리상태는 인간에게 내재된 자유의지와 충돌하는 지점이기도 하다.

역사를 대할 때도, '어쩔 수 없었다'는 심리를 종종 발견한다. 대표적으로 친일파 논쟁과 관련된 것이다. 해방 후까지 살아남아 친일파로 지목된 사람들은 한결같이 '그때는 어쩔 수 없었다'며 자신들의 입장을 정당화하곤 했다. 일제의 강압적 지배가 워낙 살벌했고, 또 일제가 그렇게 빨리 망할 줄 몰랐다는 것이다. 그래서 친일은 어쩔 수 없는 선택이었다는 변명이었다. 간혹 군사독재 시대를 재조명할 때도 무저항의 순응, 때로는 열렬한 추종의 태도에 대해서조차 '그땐 그럴 수밖에 없었다'고 변명 혹은 자위自慰하기도 한다. 외교사 현장에도 빠지지 않는다. 특히 한반도에 대한 침탈과 강제병합에 대한 일본의 태도가 그러하다. 그때는 그것이 시대의 대세였다며 '어쩔 수 없었다'고 강변한다. 한 걸음 더 나아가 식민지 경영을 통해 근대의 양식을 가르쳤다는 식의 한결 뻔뻔한 논리로 이어지기도 한다. 한일관계에서 화해의 정치적 과정이 정말 어렵게 된 이유다.

'당시로서는 어쩔 수 없었다' 이런 상황론의 변명에 대해 다수의 한국인은 선뜻 동의하지 않으려 한다. '그럴 수 있었겠다'라며 일면 이해하는척하다가도 '옳지 않은 일이니 그러지 않았다면 더 좋지 않았겠는가'라는 생각을 버리지 않는다. 그러니 '(이해 못하는 것은 아니지만) 그래도 잘못된 것은 잘못된 것'이라는 선에서 쉽게 움직이지 않는다. 역사를 대할 때도 무엇이 옳고 무엇이 잘못되었는지의 관점에서 보려고 한다. 이른바 도덕론 프레임이다. 상황론과 도덕론 프레임을 대할 때 한국인 대다수가 전자보다는 후자를 더 중시하는 경향이 있는 것은 확실해 보인다. 일본의 제국주의 침략 행위에 대해 여전히 날 선 비판의식을 가진 것도 그것에서 기인한다. '이해와 용서는 다른 문제'라는 것이 핵심이다. 피해자이기 때문에 도덕적 우위를 가지려는 태도도 한결 결연하다.

만족과 불만족의 판단 기준

어쩔 수 없다는 상황론보다는 옳고 그름의 도덕론을 중심으로 보는 시선, 그리고 더 좋아져야 한다는 신념은 성찰과 비판의 자유와 맞물려 있다. 어떤 사회, 어떤 시대든 인류가 완성된 인간 사회를 경험한 적은 없다. 현실은 늘 모순투성이로 부진했고, 이상理想은 줄곧 힘겹게 살아남았다. 그러나 미완의 이상을 향한 끝없는 갈망이 문명사 진화의 동력이었다. 모순에 눈 감은 시대를 생각해보라. 처절한 현실의 반복과 재생산, 퇴행이 그득할 것이다.

한국 사회에서 비판의 자유는 민주화와 함께 비로소 가능해졌다. '오징어 게임'이나 '기생충' 등 최근 세계적 주목을 받는 한국 영화와 드라마는 한결같이 현대 자본주의 문명의 근원적 모순에 대한 비판의식을 담고 있다. 그것이 동류同類의 미완적 현실에 놓여 있는 현시대 세계인들의 공감대를 얻었다. 한국 사회가 유별나게 모순덩어리여서 그런 작품들이 만들어지는 것이 아니다. 세상 시스템을 바라보는 비판적 시선들이 뜨겁게 살아 있기 때문이다.

그다음 우리 스스로 물어야 하는 질문은 어떤 비판이어야 할까. 성찰하고 비판하되, 무엇을 비판의 기준으로 삼을 것이며, 어떤 미래를 상상하여 만족 기대치를 높일 것인가의 질문이다. 사람과 집단마다 더 나은 내일에 대한 상상이 각각 다를 수 있다. 이를테면 나의 종교적 신념과 다르다고 종교 다원성을 가치로 삼는 현실을 마구 비판할 수는 없다. 개인의 욕망을 더 확장하자고 무턱대고 사회를 비판할 수는 없는 법이다. 공적 희망을 사적 욕망의 영역으로 환원시키게 되면 미래 상상이 혼탁混濁해진다. 그러므로 비판의식과 만족을 향한 높은 기대감을 통해 향상의 시대 동력을 가지려면 그 판단 기준이 생명, 평화, 자유와 평등 등 보편적 가치에 뿌리를 두고 있어야 한다. 그래야 발전의 동력이 된다. 비난하고 짜증 내는 짓을 모두 미래 지향의 비판이라고 할 수는 없다. 사적 욕망이 아니라 공동체적 희망에 근거한 성찰이어야 한다.

광기(狂氣)로 흐르지 않는 신념

어쩔 수 없다는 상황론을 저어하여 도덕 담론 중심으로 사회 분위기가 형성되면 '신념을 가진다'는 문화가 자연스럽게 힘을 얻는다. 굳은 신념 자체가 이상理想은 아니다. 어떤 신념인가가 중요하다. 자칫 한시적이고 퇴행적 신념이 두드러질 가능성도 배제하지 못한다. 만약 그리되면 광기狂氣가 시대를 지배하게 된다. 한때 인종주의가 그랬고 사회진화론이 그랬다. 매카시즘도 광기에 가까웠다. 광기 서린 신념을 가진 사람들의 거친 언사가 사회를 늘 소란스럽게 만든다. 그러면 사회가 위축되고 경화硬化되기 쉽다.

더 나은 내일을 위한 비판과 성찰이 허용된다고 해서 부작용이 없을 수는 없다. 옛것을 녹여야 새것이 나온다. 온고지신溫故知新의 지혜다. 이를 위해 추진력의 신념을 가지되, 균형과 타협이 필요할 때가 있다. 굳은 신념이 칭송될수록 타협의 공간은 위축된다. 이상을 향해 나아가되 속도와 방법을 고려하지 않을 수 없다. 관성과 습관이 된 신념, 축적된 이익들이 있기 때문이다. 단숨에 바꿀 것인가, 균형적 접근을 통해 서서히 바꾸어 나갈 것인가의 선택이다. 이는 혁명과 개혁이 갈리는 대목이기도 하다. 불교에서 깨달음에 이르는 길도 두 가지라고 구분한다. 돈오돈수頓悟頓修 혹은 돈오점수頓悟漸修의 두 길이다. 옳은 길이라고 확신하되, 단번에 이룰 것인지 천천히 갈 것인지의 문제다. 어떤 선택이건 미래상에 관한 방향과 속도를 두고 시대 담론의 공감대를 만드는 일이 가장 중요하다. 국가전략의 관점에서 볼 때 특히 그렇다. 그것은 정치에 주어진 몫이다.

　한국은 산업화와 민주화를 거쳐 그다음 단계로의 도약을 꿈꾸고 있다. 세계의 중심으로 들어가 선도국가가 되고 싶다는 희망이다. 세계 최빈국이었던 것이 불과 반세기 전이다. 한국인들은 다음 단계로의 도약이 결코 불가능하지 않다는 점을 일상에서 다짐한다. '어쩔 수 없다'며 쉽게 주저앉지 않겠다는 결기가 단단하다. 따지고 보면 '보다 나은 내일을 향하여', '보다 바른 방향으로' 가고자 했던 생각들이 오랫동안 한국인의 머릿속을 지배해 왔다. 오늘날 한국 젊은이들의 사회비판이 그러하듯 말이다. 그것이 한국이 이루어 낸 성공 스토리의 토대였음을 다시 되새긴다. 동시에, 더 나은 미래를 지향하는 국가전략의 원동력이 될 것이 틀림없다. 높은 수준의 만족도를 향한 기대감은 희망이라는 단어의 또 다른 표현이다. 다만, '우리 모두를 위한', '바른' 내일을 위한 열망이어야 할 것이다.

　같은 제목의 「전략단상」(국가안보전략연구원, 2021.11.29.)을 고쳐 쓴 글이다.

'포스트'라는 이름의
전환기 세계 정치와 한국의 전략구상

*"한국의 의도와 비전을 더 선명하게 표명하고
그 실천의 공간을 확보해 나가는 방도가 필요하다."*

'포스트'(post)의 세계 정치

포스트^{post}는 '~이후'라는 의미로 사용되는 접두어다. 우리말로는 '탈^{脫}~' '포스트', 또는 (드물게) '후기^{後期}~'로 번역되어 사용된다. 시사적 영역과 학문 세계에서 자주 언급되는 용어로는 '탈냉전$^{post\text{-}Cold\ War}$', '탈근대$^{post\text{-}modern;\ 포스트모던}$', '후기산업화사회$^{post\text{-}industrial\ society}$', '탈식민지시대$^{post\text{-}colonial\ era}$', '전후^{戰後}역사$^{post\text{-}war\ history}$' 등이 있다. 정치 리더십 변화를 특별히 강조하려고 할 때는 특정 지도자 이름과 결합되어 등장하기도 한다.

포스트라는 단어는 일정 양식을 가지고 작동하던 시대상으로부터 변화가 발생하여 전환기로의 진입이라는 시대적 특징을 보일 때 사용된다. 특기할만한 점은 포스트라는 용어가 '전환기적'이고 따라서 '한시적'이라는 것이다. 새로운 양식의 등장을 아직 규정하기 어려울 때 의미를 지니기 때문이다. 요컨대 포스트라는 접두어에는 '전환기적 변화'라는 특징이 압축되어 있다. 일련의 전환기적 변화를 겪은 후 새로이 등장하게 될 시대에 대한 규정은 후대 역사가들의 몫이다. 혹은 미래 역사 속 지식인들의 집단지성적 합의에 따라 명명될 것이다. 우리가 사용했던 '포스트'의 명명^{命名} 중에서 이미 변화 이후의 시대 특징이 명백하게 파악되어 포스트의 의미를 상실한 것도 있다. 이를테면 후기산업화사회, 즉 산업화 이후의 사회는 이제 '정보화 사회'로 불리고 있다.

핵심은 '포스트'가 변동의 조짐이 드러나는 시점의 시작을 알리는, 그러나 불확실성으로 가득한 시대로의 진입에 대한 묘사라는 점이다. 변화보다는 지속성이 완연한 시대에서 포스트는 낯선 단어일 뿐이다. 인류 역사 속에서 변화는 늘 지속성의 동력과 경합해 왔다. 따지고 보면 역사의 모든 시기에 변화는 늘 존재해 왔다. 그런 의미에서 역사의 모든 지점들이 전환기였다는 묘사도 틀린 얘기는 아니다. 그러나 변화의 강도가 특별하게 관찰될 때, 그래서 전환기의 강도^{强度}에 주목해야 할 지점에서 '포스트'의 언술적 위력이 비로소 드러난다.

포스트의 전환기에 우리 자신에게 던져야 할 질문은 '변화의 성격과 강도는 어떠한가?', '변화의 방향은 무엇인가?' 그리고 (국가전략의 시선에서) '어떻게 독해하고 대비할 것인가?'로 귀결된다. 더 중요한 전제는 '미래'에 관한 것이다. 미래는 고정되어 있지 않으며, (인간 존재의 범위 밖에서) 이미 기획되어있는 것도 아니라는 점이다. 오히려 '미래는 현재를 살아가는 사람들의 미래에 대한 상상, 즉 미래상이 조형해 간다'는 전제일 것이다.

21세기 초, 한반도를 둘러싼 세상에서, 그리고 한반도의 시선에서 세계를 조망할 때 특별히 의미를 가지는 포스트의 변화는 탈근대(포스트 모던), 탈냉전, 그리고 포스트 코로나의 세계다.

포스트 모던(탈근대)의 국제정치와 한국 외교

포스트 모던, 즉 탈근대는 이미 장기간에 걸쳐 진행되고 있는 전환기의 변화다. 국제정치가 근대 양식을 서서히 벗어나는 거대한 변화를 보이고 있기 때문이다. 베스트팔렌 조약(1648년)을 근대 국제정치의 출발로 간주한다. 근대 국제정치의 핵심 특징 중 하나는 단위^{unit}의 성격으로, 민족국가$^{nation-state}$가 핵심 단위로 등장한 것이 그 무렵이었다. 근대 국제정치는 민족국가의 완결을 목표로 진행되었다. 민족과 국가를 일체화시키려는 신념이 민족주의^{nationalism}였고, 그 신념과 활동은 근대 국제정치 진행 과정에 지대한 영향을 미쳤다. 그러나 민족-국가의 일체화 동력으로서 민족주의는 여전히 미완으로 남아 있다. 200개가 넘는 지구상 국가 중에서 민족과 국가가 일체화되어 있다고 평가되는 국가는 10%가 채 되지 않는다. 따라서 민족-국가의 완벽한 일체화는 근대 이후에도 완결되기 어려울 것이다. 그러나 미완으로 남아있기 때문에 (부분적이라도) 국제정치를 움직이는 동력으로 작동할 수 있다. 특히 동북아 지역과 한반도에서 그러하다.

근대 국제질서의 핵심 단위인 민족국가는 2차대전 이후 자유무역 기조의 확장, 세계화의 추세와 맞물려 다양한 도전에 직면해 왔다. 주권개념으로는 통제하기 어려운 국제적 문제가 급증해왔다. (정치적 결정으로서의) 국경國境의 의미도 약해졌다. 이에 따라 탈주권 거버넌스$^{post\text{-}sovereignty\ governance}$의 등장과 형성을 탈근대 국제정치의 핵심적 특징으로 간주한다. 그러나 국가는 쉽게 소멸할까? 주지하다시피 국가는 기업을 비롯한 여타 단위들보다 내구성^{durability}이 높다. 주권 거버넌스와 탈주권 거버넌스 간의 이행대립적 공존은 탈근대 국제정치의 경합적 긴장성을 특징지을 것이다.

탈근대 국제정치에 드러난 전환기 추세의 하나는 경쟁과 공존 담론의 경합이다. 근대 국제정치는 국력 경쟁과 생존 경쟁, 군비 경쟁이 주된 양식이었다. 여전히 강하게 작동하고 있다. 특히 동북아에서는 부국강병의 담론이 제국주의 시대의 유산으로 남아 지역을 지배하고 있다. 그러나 국가 간 치열한 경쟁은 인류 공존에 심각한 위기감을 불러왔다. 가공할 정도의 살육^{殺戮}이 가능한 무기체계의 개발로 인한 인류 공멸의 위기감이 생겼다. 그뿐 아니라, 산업화 과정이 불러온 생태계 위기와 에너지 고갈 등의 문제들은 '지구의 지속가능한 생존'이라는 근원적 질문을 던지고 있다. 공존 담론은 그러한 절박한 위기감에서 나왔다. 인류 공동의 문제이니만큼 일국 차원이 아니라 '협력을 통한 문제 해결' 방법을 찾아야 한다. 해법은 정해져 있으나 실천은 여전히 어렵다. 개별 국가의 이익 관점에서 접근하려는 경향이 여전히 강하기 때문이다.

　탈근대 세계의 국제정치에서는 각자도생^{各自圖生} 원리와 협력을 통한 공존이라는 이율배반적 담론이 서로 경합하며 작동할 것이다. 향후 포스트라는 단어 의미가 형해화^{形骸化}되는 순간까지 그럴 것이다. 그러므로 한국으로서는 국내적 및 대외적 전략 영역에 국제적 협력과 국익 추구의 두 가지 목표를 동시에 모색할 필요가 있다. 국가로서 존립하는 것은 물론, 대외관계에서 국익 추구가 본질적 목표다. 동시에 지구 공존의 목표를 협력 강화를 통해 추구하는 원리도 실천해야 한다. 한국은 통상^{通商}국가다. 고립하여 존재할 수 없다. 오히려 세계적 협력 네트워크 속에서 더 많은 이익을 확보할 수 있다. 이기^{利己}의 목표와 이타^{利他}의 행위 원리 사이에서, 자기보존과 개방성 원칙 사이에서, 개체로서의 국가 중심성 원리와 지역/글로벌 차원의 공생 원리 사이에서 균형 감각을 지녀야 하고 유연한 대응 태도를 가져야 한다. 포스트 시대의 불확실성이 주는 과제이기 때문이다.

포스트 냉전의 국제정치와 미중 경쟁

20세기 후반에 이르러 냉전이라는 독특한 세계사 질서 양식은 거의 소멸되었다. 냉전은 자본주의-사회주의 두 진영 간 이념적·정치적·군사적 대결이었다. 얄타에서 몰타까지의 시대였다고 묘사되기도 했다. 소련과 동구 사회주의권 해체 이후 탈냉전의 시대가 시작되었다. 냉전 이후의 세계 정치는 한때 미국 중심 단극체제로의 방향이라고 묘사되기도 했으나, 미국 국력의 상대적 쇠퇴, 리더십의 위기 등을 겪으며 그 방향을 확신하는 사람은 이제 드문 형편이 되었다. 대신, 국력이 급성장한 중국이 빠르게 세계 정치의 중심부에 등장했다. 목하 미중 전략경쟁의 시대가 도래했다. 냉전기 대립의 잔상殘像이 남은 채 새로운 형식의 대결 구도가 포스트 냉전기 세계 정치의 시대상이 될 것인지, 혹은 새로운 권력 구조와 세계 거버넌스가 가능할지는 여전히 미지수다.

포스트 냉전기의 세계 정치를 미중 전략경쟁으로 설명할 때 우선 양국 간 국력 변화 양상에 주목한다. 글로벌 차원의 권력 구조 변화다. 세력 전이轉移라고 설명하기도 한다. 이에 더하여 특별히 살펴봐야 하는 점은 두 가지다. 미국과 중국 내 지배담론의 형성/변화와 리더십 변수가 하나이고, 다른 하나는 강압적 행동 실천에 관한 심리적 유혹의 문제다. 양국 내 지배담론과 리더십은 흔히 강온파로 구분되어 설명된다. 미국의 경우, 협력 중심의 상해파 담론(혹은 키신저 패러다임)과 강경 견제론 중심의 크로우Crowe파로 구분해왔다. 중국의 경우, 타협중심의 국제협조주의(화평발전론) 담론과 중국 위상 강화를 목표로 하는 대국굴기 담론으로 나뉜다. 미국의 상해파와 중국의 화평발전론의 리더십이 조합을 이루면 비교적 안정적 국제환경이 조성될 가능성이 높아질 것이라고 전망되었지만, 그럴 가능성은 점점 옅어지고 있다. 협력과 타협 담론은 양국 모두 힘을 잃어가고 있다. 현시점 미중 전략경쟁의 추이는 이러한 담론 변화를 보여주고 있고, 양국의 정치 리더십은 점점 격화되어 가는 사회심리적 분위기를 반영하고 있다.

강압 중심의 행위 패턴은 악순환 양식을 낳는다. 한편의 공격성이 강해지면 다른 한편의 대응 방식도 더불어 공세적으로 변화한다. 미국이 흔들리는 세계 리더십을 복원/재강화할 목적으로 군사력 사용의 유혹에 빠지면 중국의 대응 방식도 유사해질 것이다. 우리는 정의롭지만 상대국은 더 적대적이라고 간주하는 인식, 즉 전형적인 '오인^{misperception}' 요인이 외교정책 결정 과정을 지배하게 된다. 포스트의 세계 정치 환경이 불안정할 것이라는 전망은 이런 배경에서다.

미중 경쟁은 대결과 (부분적) 화해 및 조정을 반복하면서 긴 시간이 걸릴 것이다. 긴 대결의 과정이 끝난 후 새로운 세계 질서의 안정적 모습으로 정착되는 시기에 이르러 '포스트' 냉전기는 마침내 종료될 것이다. 권력관계 변화를 둘러싼 경쟁은 동북아 지역에 큰 영향을 미치는 변수임이 틀림없다. 미국은 트럼프를 거쳐 바이든 정부에 이르면서 반중^{反中} 연합 전선을 강화하고 있다. 인태전략에서 시작하여 쿼드^{Quad}, 그리고 오커스^{AUKUS} 동맹 등이 이를 방증한다. 일본이 미일동맹을 배경으로 중국과 대립 일변도를 선택할 때 동북아에서는 진영화의 대립 구도가 등장할 가능성이 그만큼 높아질 것이다. 중국은 대만문제, 위구르신장 지역에 대해 배타적이고 저항적 태도를 견지할 것이 틀림없다.

한국이 직면하게 될 도전은 그런 환경에서 가중된다. 한반도가 또다시 냉전기같은 진영적 대립 구도의 최전선이 될 때 한국 외교전략은 진영의 '선택'을 강요받을 가능성이 그만큼 커진다. 한국으로서는 한반도에 '유령처럼' 남은 냉전 구도를 종결하여 탈냉전으로 전환해야 할 과제와 새로운 대립 구도로부터 제기되는 압박을 동시에 받고 있다. 포스트의 세계 정치에서 한국이 새로운 미래전략을 고민해야 할 이유다.

이러한 환경의 변화 가능성을 고려하면서 한국이 고민해봐야 할 외교전략의 원칙으로 외교 유연성을 들 수 있다. 포스트 냉전의 세계 정치는 복합적이고 중층적이다. 선택 강제의 논리에 압도당하게 되면 외교 공간이 위축될 수밖에 없다. 세계 및 동북아 질서의 상황변화에 따라 유연하고 창의적인 전략들이 구상되고 실천되어야 한다. 외교의 유연성을 높이려면 공동체주의, 소다자주의 전략, 투트랙 전략, 피버팅 전략 등을 적극 구상하고 실천해야 한다. 능동적이고 가변성을 유지해야 하며, 창의적 구상, 기동성을 실천해야 한다. 이 주제에 대해서는 이 책의 제3장에서 구체적으로 설명하려 한다.

평화와 공동번영이라는 보편가치를 대외전략의 원리로 삼는 일도 중요하다. 갈등을 증폭시키는 방향으로 전략을 구상하고 실천하게 되면 한국 외교적 공간이 더 위축될 수 있다. 보편적 규범을 내세워야 국제 담론 경쟁에서 도덕적 정당성을 확보할 수 있다. 평화와 공동번영의 규범 위에서 예방 외교를 실천하고 중재자 역할을 자임하는 유연성의 외교전략도 가능해진다. 평화 개념을 군축(무장해제)이나 군비 감축만으로 간주해서는 곤란하다. 외교적 원칙으로서 평화를 강조하면서도 안보 능력을 포함한 국력의 성장은 멈추지 말아야 한다. 약소국의 비극을 되풀이하지 않기 위해서다. 주변국들에게 휘둘리는 국가가 아니라 강하면서도 평화에 대한 결의를 지닌 국가가 되겠다는 의지를 가져야 한다.

미래 외교전략의 중요한 수단으로 고려해야 하는 것은 공공외교다. 공공외교는 설득력의 영역이며, 따라서 연성 권력의 구성 요인이다. 공공외교는 국가 이미지, 문화적 대화뿐 아니라 정책적 의도를 타국 대중에게 전달하는 정책 공공외교도 포함한다. 경제력과 군사력 등 국가의 제반 능력을 향상시켜 나가면서도 대외적으로는 평화와 공동번영의 보편가치를 발신해야 하는데, 그것의 효과적 수단이 공공외교다.

냉전 이후의 세계가 한국에게 던지는 도전은 복합적이다. 냉전기 기억이 여전히 현실 동력으로 작동하는 한반도를 냉전 이후 시대로 이행시켜야 할 기획이 필요하다. 한반도에서 냉전이 종식되고 평화공존이 안정적 질서로 제도화될 때 냉전의 세계사는 공식 종료될 것이다. 한반도 평화공존을 안정적으로 지속시키려는 노력이 필요하다. 동시에 냉전 이후의 세계 정치가 또 다른 형식의 대결로 진화하고 있다는 두려움도 현실적 고려 사안이다. 한편으로는 남북한 대결 양식의 해체를, 다른 한편으로는 세계적 대결구도 심화 경향 속에서 존립과 외교 영역 확장을 강구해야 하는 이원적 도전이다. 평화와 안정, 공동번영이라는 원칙을 견지하면서 유연하고 균형감 있게 행동반경을 모색하는 전략이 포스트 냉전기 미래구상의 핵심이다.

포스트 코로나의 세계와 한국의 전략적 포지셔닝 설계

역병疫病이 창궐하면서 세상은 멈춰선 듯 보인다. 멈춰진 시간은 꽤 길어지고 있다. 코로나는 국제정치 영역뿐 아니라 국가와 시민사회의 제반 영역에서 근본적 질문을 던졌고 인류는 지금 그 해답을 찾아가고 있다. 코로나 이후의 세계가 어떤 모습일지의 질문은 과연 이 대역병이 어떤 거대한 변화를 야기하고 있는지의 질문이기도 하다.

코로나의 세계 정치에서 질서는 변화할 것인가? 국제정치 역사에서 거대한 변동은 주로 전쟁 이후에 왔다. 전쟁이 국제질서 변동을 가능케 했던 것은 국가 능력의 변화, 그리고 그것을 반영하는 국가 간 국력 배분 재편에 변화를 야기했기 때문이다. 전쟁이 영향을 미쳤던 국가의 능력은 전쟁의 능력(군사력/국방력), 경제력(생산과 유통, 소비의 능력)이었다. 코로나바이러스가 거의 모든 국가의 경제력에 전쟁 못지않은 타격을 주고 있는 것은 확실해 보인다. 글로벌 공급망과 생산기지의 재편은 미중 전략경쟁과 맞물리면서 세계 질서에 새로운 양식의 등장이라는 전망을 가능케 한다. 요컨대 포스트 코로나 시대의 세계 질서는 국가들의 기존 위상^{position}에 변동이 생긴다는 의미다. 상승하는 국가들도 있고, 하락하는 국가들도 있을 것이다. 그 변동성^{mobility}이 핵심이다. 코로나 이전 수준으로 경제 능력을 회복하는 속도가 국가별로 다를 것이기 때문이다.

K-방역의 성공을 통해 경제성장 기회의 창은 한국에게 상대적으로 넓게 열린 듯 보인다. 세계 경제 10위권의 중견국이었던 한국에게 현재의 전환기는 선진국(선도국 혹은 신흥강국)으로 위상을 변화할 기회이다. 2020년 이래 세계 주요 경제 선도국 중 한국의 실물경제 회복력이 가장 돋보였다. 이미 G-7 정상회의에 2년 연속 초대되었다. 한국의 국방력도 세계 6위로 부상하였다. 2021년 한미 정상회담 이후 미국과의 협력은 한반도 안보 영역을 넘어 과학기술, 경제, 우주개발에 이르기까지 확장되었다. 백신의 지역 허브로서 역할도 부여받았다. 영어권 정보동맹인 파이브아이즈$^{Five\ Eyes}$의 일원으로 초대받는 것도 검토하고 있다. 요컨대 한국의 국제적 위상의 상승은 우리의 기대감보다 빠르게 현실이 되고 있다.

한국의 위상 변화가 의미하는 바는 특별하다. 이른바 '30-50클럽'(국민소득 3만 불 이상, 인구 5천만 이상의 조건을 갖춘 국가군)으로 불리는 국가 중 제국주의 시기 식민지였던 국가로는 한국이 유일하다. 제국^{empire} 경영의 경험은 커녕 제국들의 피해자였다. 그로 인해 한때 세계 최빈국이었던 적도 있다. 그랬던 한국에게 드라마 같은 일이 벌어진 것이다. 산업화와 민주화를 동시에 성취함으로써 세계사의 성공 스토리를 만들었다. 이제 외교전략을 통해 세계의 중심으로 진입할 준비를 갖추고 있다.

산업화 시대 이후 한국의 발전 모델은 캐치업$^{catch-up}$ 방식이었다. 주요 국가들이 합의했던 국제질서 원리를 수용하면서도 성장을 이루어냈다. 18세기 이래 세계자본주의 정치경제의 기본 골격은 피라미드를 닮은 안행형 발전 모델$^{flying-geese\ model}$로 불린다. 이 같은 기존 구조로부터 새로운 발전 패러다임을 만들어야 할 때가 되었다. 새로운 성장 패러다임 모색은 한국에게 특별히 유리한 조건이다. 기업의 세계 시장 전략과 국가의 미래구상은 적절한 방식으로 결합되어야 한다.

코로나가 던진 또 다른 질문은 국가와 국민의 '안전^{safety}'에 관한 것이다. 안보^{security}는 국가의 물리적 안전$^{physical\ safety}$을 도모하기 위한 핵심 국가 목표의 하나다. 통상 군사력이 안보의 핵심 기제로 간주되어 왔다. 그러나 코로나바이러스를 군사력으로 제어하기는 불가능하다. 안보 개념도 보다 포괄적이고 상위 개념인 안전의 개념에서 해석되고 실천되어야 할 필요가 있다. 인간 생명의 보전이 국가 안전의 궁극 목표이기 때문이다. 국가가 안전하기 위해서는 국방력, 억제력만 구성요소가 아니다. 외교력도 중요하다. 이에 더하여 위협 상황을 극복하고 회복할 수 있는 능력도 중요하다. 이른바 국가의 회복 능력^{resilience}이다. 사실, 국가 능력$^{power,\ capability}$이란 것도 경제력, 군사력만이 구성요소가 아니다. 자연재해, 감염병 확산, 대규모 실업사태 등 내·외부 환경변화로 인한 비용을 감당하고 줄일 수 있는 능력도 중요한 국력 구성요소가 되었다. 국경을 넘나드는 바이러스라는 공동의 적에 대응하는 것에 개체 국가 중심의 안보 추구 방법으로는 해법이 없다. 팬데믹 상황은 그 사실을 선명하게 깨닫게 만들었다. 일국 중심의 군사안보에서 공동안보·협력안보로, 국가안보에서 지역/글로벌 안보 혹은 인간안보로 확장해야 할 필요가 생겼다. 한국의 국가전략도 이러한 방향을 고려하여 구상되어야 한다.

변화하는 세계의 중심으로 들어가 새로운 포지셔닝의 전략을 짠다는 것은 지금까지 한국 외교의 패러다임을 성찰하자는 의미도 있다. 이를테면 지정학적 '해석'에 포박된 인식체계의 문제를 들 수 있다. 흔히 대륙 세력과 해양 세력 간의 대립으로 요약되는 지정학적 해석은 국제정치를 설명하는 많은 패러다임의 하나일 뿐이다. 대립 중심의 '해석'에 필요 이상으로 압박되면 '생존 담론'이 외교전략 전체를 지배하게 될 위험이 있다. '동북아책임공동체' 구상을 제안한 것은 기존 대결 중심의 지정학적 인식을 넘어 한국 외교전략의 기동 공간을 확보할 수 있을 것이라는 전망에 기반하고 있다. 한국 외교가 창의적으로 기동 공간을 스스로 확대하지 못하면 수세적 대응 외에 다른 대안을 강구하기 힘들다.

한국의 새로운 외교구상과 전략이 세계 정치의 미래를 모두 결정할 수는 없다. 그러나 과거처럼 국제정치의 다른 주요 행위자들의 결정들을 단순히 '수용'하려는 태도는 포스트 코로나 시대에 들어 위상 변동을 기획하고 있는 한국에게 적절한 전략적 대안이 아니다. 현실적 한계를 인정하는 판단을 전제로 하면서도 한국의 의도^{intentions}와 비전을 더 선명하게 표명하고 그 실천의 공간을 확보해 나가는 방도가 필요하다.

포스트 코로나 세계 질서의 조형기 동안 새로운 포지셔닝을 위한 외교전략 구상의 핵심은 한국을 둘러싼 질서 변화 과정에서 한국에게 유리한 환경을 조성해 나갈 수 있도록 적극적 역할을 발신하는 것에 있다. 즉 수동형이 아니라 능동형 전략의 구상이어야 한다. 세계 질서 및 동북아 지역질서를 협력과 공존의 질서로 변화시키는 방향과 필요성을 한국의 외교전략이 선도적으로 발신함으로써 한국에게 유리한 환경을 조성해 나가야 한다. 그러한 전략구상의 기본 원칙은 고립보다는 개방, 갈등이나 배타적 대립보다는 공존과 협력을 지향하는 방향이어야 한다. 외교의 영역과 범위를 세계 속으로 확장하는 외교전략이어야 할 것이다.

"KIPA 글로벌 행정포럼" (한국행정연구원, 2021.10.21.) 발표 내용을 다듬어 쓴 글이다.

경제안보 전략의 대강(大綱)

"국가전략으로서 경제안보 전략은 국가이익의 구성요소가 무엇인지
새삼 질문을 던지는 것에서 시작해야 한다."

안보냐 경제냐

　미국 외교사학계에 오랜 논쟁이 있다. 현실주의와 수정주의의 논쟁이다. 냉전 기원을 두고 두 학파는 치열한 논쟁을 벌였다. 냉전의 시작이 미국과 소련 중 누구의 책임이었느냐의 논쟁이었고, 갈등 유발 행동을 누가 먼저 시작했느냐의 질문이었다. 현실주의자들은 소련의 팽창주의 이념이 문제의 시작이었다고 설명했고, 수정주의자들은 시장 확보를 위한 미국의 판단과 공세적 행동에서 냉전의 기원을 찾았다. 이 논쟁은 무엇이 미국 외교 전략의 핵심 요인인가의 논쟁과도 밀접하게 관련되어 있다.

　현실주의자들의 진단처럼 냉전이 소련의 책임이라면 미국의 행위는 방어적이었고, 수정주의 해석대로라면 미국 외교정책은 본질적으로 공세적 성격을 띠고 있다. 현실주의자들은 미국이 '방어'를 위해 안보를 핵심 요인으로 간주했다고 설명했고, 수정주의자들은 시장 확보를 위한 경제적 이익을 핵심 요인으로 전제했다. 안보와 경제 논쟁이다. 안보라면 생존과 안전을 위한 정치적 영향력을 확보하는 일이 주된 동기이고, 경제라면 자본주의 세계경제체제에서 시장적 이익 확보가 미국 외교의 핵심 요인이라는 것이다. 이 논쟁에는 후일, 1980년대에 들어 존 루이스 개디스^{John Lewis Gaddis}로 대표되는 후기 수정주의자들이 등장했는데, 이들은 냉전 기원은 미소 모두에게 책임이 있었고, 미국 외교에는 안보와 경제 두 가지 모두 핵심이었다는 어정쩡한 절충론을 선택했다.

안보의 동기나 경제적 요인으로 구분하는 일은 분석 작업의 편의성 때문에 생기는 일이다. 이에 따라 해석의 패러다임이 분화되어왔다. 그러나 국제정치 현장에서는 안보와 경제, 정치와 자본, 국가와 시장이 늘 유기적으로 얽힌 채 작동해 왔다. 생존 동기와 번영의 목표는 때에 따라 노골적으로 결합되기도 하고, 때로는 은밀하게 협력관계와 긴장관계가 만들어지기도 했다. 자본주의 정치경제 시스템 속에 존재하는 국가들에게 주어진 본질적 문제다. 그리고 그것은 새로운 현상도 아니다. 19세기 말의 제국주의 시대를 묘사했던 역사학자 폴 M. 케네디^{Paul M. Kennedy}는 "투쟁, 변화, 경쟁, 무력 사용, 그리고 국력 성장을 위해 국가 자원을 조직화하려는 세계관이 당시 지배 엘리트, 군부, 그리고 제국주의 단체들 사이에 팽배해 있었다."라고 설명한 바 있다. 공유된 인식(세계관) 속에는 정치적 영향력의 확대와 물질적 부의 확장 욕구를 별개의 목표로 간주하기 힘들다는 의미다.

경제안보 전략 구상의 시대적 배경

새삼스러울 것도 없는 안보와 경제의 결합 구조를 국가전략의 영역으로 다시 주목하려는 이유는 21세기 글로벌 질서의 변화, 그리고 그 현상을 받아들이는 주요 국가들의 전략과 밀접하게 관련되어 있다. 경향과 추세를 독해해야 경제안보의 전략 구상이 윤곽을 잡을 수 있고, 그것에 따라 국가와 자본 사이에 새로운 관계 설정, 즉 뉴딜$^{New Deal}$도 가능해질 것이다. 전략 구상의 방향에 따라 필요하다면 경제안보 전략을 위한 정부 거버넌스의 정비도 생각해볼 수 있을 것이다.

우선, 세계 정치경제 질서 변동의 시대적 특징을 봐야 한다. 2차대전 종전 이후 정비되었던 자유무역체제는 꽤 오랜 기간 발전적으로 확장되어왔다. 여전히 세계질서의 기본 원리로 작동하는 가운데 국가들은 교역을 통해 이익을 나누어 가진다. 그런데 그 규모와 방식에 변화가 나타나기 시작했다. 한때 시대적 추세로 보였던 세계화의 신화가 흔들렸고, 점차 파편화된 형태의 세계화로 변형될 것으로 전망하는 사람들이 많아졌다. 그런 와중에 글로벌 공급망에 교란 상황이 벌어지고 공급망을 둘러싼 경쟁 구도가 점차 첨예화해졌다. 미중 경쟁 국면이 이런 변화를 가속화시켰다. 글로벌 거버넌스라는 관점에서 본 시대 특징은 G-Zero라는 말이 가장 적절할 것이다. 질서 유지의 권위를 찾기가 어렵다는 뜻이다. 안정적 거버넌스가 흔들리기 시작하면서 국가 행동의 원리로서 '각자도생론'이 개별 국가들의 전략 영역에서 점차 설득력을 얻고 있다. 또한 온라인 교역$^{on\text{-}line\ trading}$이 확대되면서 구글, 아마존 등 세계적 초대기업들은 정치적 단면^{斷面}을 넘어 시장 중심의 거버넌스를 확장하려는 동력을 숨기지 않는다. 주권 거버넌스와 시장 거버넌스가 경쟁하듯 공존하고 있다는 사실도 전환기 변동성의 한 단면이다.

자유무역의 정치경제가 심화되면서 국가들 간 상호의존도가 높아진 것도 경제와 안보의 전략적 결합을 다시 고민하게 만든 원인이 되었다. 국가들 간 경제 관계가 조밀하게 얽히게 되었고 상호의존도가 높아졌다. 상호의존도가 높아지면 취약성도 그만큼 높아질 수밖에 없다. 취약성이 높아진다는 것은 경제안보 영역의 허점을 상대 국가들이 악용할 기회가 높아진다는 의미다. 어느 한편이 공급망을 흔들어 디커플링decoupling; 탈동조화 하겠다는 의도를 가지게 되면 상호의존도의 비대칭성 자체가 무기가 되어버리는 구도가 된 것이다. 이에 따라 국가들은 경제번영과 성장이 국가안보와 직결되어 있다는 판단을 점차 굳히게 된 것이다.

심화된 상호의존성이 안보 관점에서 더 예민하게 고려되는 것은 국제관계가 과학기술 진보와 맞물리면서 패러다임 전환이 일어나고 있기 때문이기도 하다. 국가 내부 영역은 물론 국가 간 관계에서도 디지털 전환이라는 거대한 변화가 진행되고 있다. 주요 국가들은 제반 사회경제 시스템을 디지털 중심으로 다시 설계하기 시작했고, 4차 산업혁명이라고 불리는 산업부문의 대변화는 과학기술 분야의 경쟁력과 국가 경쟁력의 관계를 새로이 조형하는 토대가 되었다. 과학기술의 산업화 과정에서 벌어지는 새로운 경쟁 구도 때문에 글로벌 공급망 경쟁은 더욱 치열해지고 있다. 오늘날 미중 경쟁을 기술패권 경쟁이라고 부르는 이유도 그것에 있다.

미중 경쟁과 경제안보

글로벌 권력 구조의 영역에서는 미중 경쟁이 점차 노골화되고 있다. 지난 탈냉전기 30년간 미국은 쇠퇴 추세를 견뎌내지 못했고, 중국의 부상은 예상보다 빨랐다. 미중 전략경쟁 시대를 두고 많은 관찰자들은 세계정치가 진영화로 진행될 가능성이 있다고 전망한다. 진영화, 즉 결사와 연대가 강화될 것이라는 시대 관찰이다. 그런데 결사와 연대의 '목표와 방향'이 처음부터 고정되어 있는 것으로는 확신하기 어렵다. 진행되면서 가변성이 드러나고, 그 가변성은 점점 커질 가능성이 있다.

가변성은 '정치와 시장', '가치와 이익'의 상관관계 때문에 생길 것이다. 진영화의 초입에서는 이념과 가치 중심의 진영화를 예상하고 거기에 규범과 신념을 입히는 작업을 진행 중이다. 미국의 대응방식이 그러하다. 민주주의 진영과 권위주의 진영의 대결이라는 것이다. 그러나 이는 공급망 경쟁, 기술패권 경쟁을 바라보는 '정치적 판단'일 뿐이다. 미국과 중국의 대결 구도가 가치와 이념을 중심으로 증폭될지, 혹은 이익 추구의 시장 논리가 정치적 판단을 넘어설지는 더 지켜봐야 한다. 그런 의미에서 미중 대결을 50~60년대의 냉전기에서 유추^{analogy}하여 '신냉전'이라고 예단하듯 명명하는 것은 연대 강화를 위한 정치적 문법처럼 보인다. 냉전기 미소 관계와 지금의 미중 관계가 동일한 성격인지는 따져봐야 한다. 특히 상호의존성의 관점에서 보면 차이가 드러나 보인다.

일부에서 주장하듯 만약 가치와 이념을 중심으로 진영화가 진행되는 것이 유일한 해석이라면 경제안보 전략 구상에 굳이 많은 고민이 필요하지 않을지도 모른다. '눈앞의 이익보다는 위대한 가치를 추구하겠다', '신념을 위해 부귀영화는 개의치 않겠다'는 결심이라면 결연해 보일 정도다. 그런데 이 결심이 경쟁의 시대 추세를 서둘러 독해한 결과가 아닌지, 이 결연한 의지가 과연 경제안보 전략의 원론이 돼야 할지는 의문이다. 냉전기, 사회주의 신념으로 이동해 갔던 제3세계 국가들의 결심이 그랬을 것이다. 제국주의, 자본주의 진영에서 종속성을 벗어나려면 사회주의 진영으로 탈출해 가야 한다는 것은 정치적 판단이었다. 이른바 사회주의 진영으로의 탈출$^{Exit\ to\ Socialism}$ 논리였다. 캄보디아, 소말리아 등이 그랬다. 이념과 가치를 더 중시한다는 관점에서 북한도 이와 크게 다르지 않다. 신념 때문에 이익을 개의치 않았던 그들 국가들은 지금 잘 살고 있는가? 그들의 국가전략은 성공적이었는지 되묻지 않을 수 없게 된다.

한국의 경제안보 전략 구상

국가전략으로서 경제안보 전략은 국가이익의 구성요소가 무엇인지 새삼 질문을 던지는 것에서 시작해야 한다. 국익은 신체적 안전, 물질적 번영, 정체성 보전 등으로 구성된다. 추상적 용어지만, 핵심은 종합성이다. 국익론은 종합적 관점에서 봐야 한다는 뜻이다. 경제와 안보 전략의 연계점은 여기에서 시작한다.

경제안보 전략의 핵심은 한국의 통상산업 능력에 위협이 되는 요인들을 줄이는 것에 있고, 동시에 글로벌 공급망 구도에서 한국이 상대적 우위를 가지는 부문을 유지 강화해 가는 것이 목표다. 취약성은 보완하면서 위협을 효율적으로 관리할 수 있는 능력을 강화해야 한다는 것이다. 한반도 환경을 투자, 교역 등 경제활동에 안전한 지역으로 만드는 일도 경제안보상의 위협 요인을 줄이는 일이다. 이른바 코리아 리스크를 만들지 않는 것이 필요하다. 거기에 더하여 2019년 일본의 대한^{對韓} 무역 제재처럼 타국이 안보위협적 사태를 만드는 경우라도 회복력^{resilience}을 높이는 것도 경제안보 전략의 목표. 반도체, 배터리 등 글로벌 공급망에서 한국이 우위를 가지는 전략적 자산은 효율적으로 관리하고 능력을 강화해 가는 것도 경제안보 전략의 중요한 목표가 되어야 할 것이다.

그러한 목표들을 고려할 때, 한국 경제안보 전략의 대강^{大綱}은 크게 두 가지를 설정할 수 있을 것이다. 하나는 자강론이고, 다른 하나는 협력론이다. 자강론이란 한국의 경제 능력, 즉 생산, 투자, 소비, 재정, 금융, 노동, 서비스, 유통, 복지 등의 제반 경제 분야에서 능력을 키워가야 한다는 것이다.

첨단 산업의 소·부·장 부문의 안정성 확보도 포함해서다. 첨단기술산업의 인력과 정보를 보호하는 일도 자강을 위해 필요한 고려사항들이다. 경제 각 부문의 능력 증대를 위해서는 국가의 주도적 역할이 필요하다. 여기에는 내수시장 확대, 기초과학 장려와 증진, 산학연 협력, 기업 혁신 경영, 고용 증대, ESG 확대, 노동 안정 등이 포함된다. 물질적 토대의 성장도 중요하지만, 위기를 관리하는 능력, 위기로부터 회복하는 능력도 경제력의 구성요소다. 더 넓게는 성장과 분배, 개발과 환경에 대한 균형적 접근을 위해 사회적 공감대가 필요하다. 공감대를 이끌어내는 것에 국가의 역할과 전략이 있어야 한다.

협력론 전략의 원리는 국제 연대를 통해 이익 공유의 범위를 확장하는 것이다. 협력론의 전략은 군사안보로 치자면 동맹과 가깝다. 그러나 군사동맹이 동맹 제도 자체에 내재한 메커니즘 때문에 경화^{硬化}되는 경향이 있는 반면, 경제적 연대는 외교 유연성에 기반해야 한다. 제로섬 게임$^{zero-sum\ game}$ 방식으로 대외경제 정책을 추구하는 시대는 이미 끝났다. 국가 간 게임은 반복되는 게임 방식이다. 일회성 이익 추구나 단기적 셈법만으로 대외 경제 전략을 기획할 수는 없다. 한국은 통상국가다. 대외경제 관계가 열려 있고 확대되어야 발전할 수 있다. 따라서 대외 협력론 전략은 배타성의 극복, 개방성의 원리를 기조로 삼아야 한다. 이를 통해 다른 국가들과 공유 이익을 확대해 나가는 방식이어야 한다. 공급망의 상호의존성을 무기화하는 방책을 남용하게 되면 장기적이고 반복되는 게임에서 이익 확장이 어려워진다. 위협적 행위를 남발하는 국가로 인식되면 그 자체가 리스크가 된다. 연대와 협력은 국제 여론, 국가 이미지와 함께 작동하기 때문이다.

리스크 분산을 위해 다각화의 전략도 하나의 원리다. 에너지, 식량, 자원 등은 물론, 첨단 산업의 공급망에서 자칫 단선화된 관계가 불러올 위험을 줄여야 한다. 다각화 전략도 협력 범위와 대상을 확장하자는 것에 있지, 그 범위를 축소하자는 것에 있지 않다. 가치 일변도의 담론 때문에 시장적 이익이 제약될지도 모른다고 기업들이 리스크를 고민할 때, 자본이 움직일 수 있는 공간을 확장시켜야 하는 것도 다각화 전략의 다른 방편으로 고려되어야 한다. 글로벌 공급망의 건강성을 위한 국제적 연대, 규범의 창출에 적극 참여하면서 교량국가 역할을 수행하는 일도 다각화 협력 전략의 하나로 고려할 수 있을 것이다.

자강론과 협력론을 경제안보 전략의 두 기둥으로 둘 때, 전략 추진과정에서 고려해야 할 일이 있다. 거버넌스 문제다. 대기업과 중소기업 간의 협력적 거버넌스, 국내 경제 부문과 정부 사이에 작동해야 하는 협업의 거버넌스는 물론이거니와, 경제안보 전략을 추진하는 정부 부처들 간의 컨트롤 타워 필요성도 거버넌스 문제다. 외교부, 산업통상자원부, 국가정보원, 기획재정부 등의 정부 기관에서 집행하는 경제안보 관련 정책들을 총괄하고 조정하는 기구가 필요하다. 청와대의 국가안보실처럼 경제안보실을 설치하는 것도 진지하게 고려할 필요가 있다.

결국, 한국의 경제안보 전략은 '협력을 통해 번영하고 자강을 통해 생존력을 높인다', '경쟁하되 공생하겠다', '안전한 한반도 환경을 만들어 리스크를 줄이겠다'라는 문장으로 요약할 수 있다. '시장과 정치', '이익과 가치' 사이에 균형적이고 유연한 태도를 갖는 것이 경제안보 전략 전체를 관통하는 원칙이어야 할 것이다.

같은 제목의 「전략노트」 17호 (국가안보전략연구원, 2022.1.24.)를 고쳐 쓴 글이다.

국가안보와 안전국가 담론

*"'두려움으로부터의 자유'는 여전히 미완으로 남겨져 있고,
따라서 점점 더 절실한 목표가 되었다."*

'두려움으로부터의 자유^{Freedom from Fear}', 이 개념은 미국 32대 대통령 프랭클린 루스벨트^{Franklin D. Roosevelt}가 1941년 연두교서에서 밝혔던 '네 가지의 자유^{Four Freedoms}'의 하나다. 언론의 자유^{Freedom of Speech}, 종교의 자유^{Freedom of Worship}, 빈곤으로부터의 자유^{Freedom from Want}와 더불어 인간이 누려야 할 기본적 자유의 하나로 '두려움으로부터의 자유'를 언급했다. 전쟁과 폭력의 위협이 없는 안전하고 평화로운 국제환경은 인간이 누려야 할 기본 자유라는 것이다. 국가는 인간 삶의 가치 있는 보전을 위하여 그러한 안전한 환경을 만들고, 지켜야 할 의무가 있다는 주장으로 이 철학은 자유민주주의 발전사에서도 매우 중요한 계기가 되었다. 더 확장해서 보면 평화에 대한 국가 수준의 실천 의지를 천명했다는 점에서 국제정치 역사에서도 주목해야 할 선언이다. 동시에, 이 연설은 제2차 세계대전에 미국 참전을 암시한 미국 국제주의 외교 담론의 시작점이기도 했다.

그 선언 이후 '우리가 사는 세상은 과연 얼마나 더 안전한 공간이 되었을까?'라는 질문에 어느 정치 지도자들도, 어떤 학자들도 선뜻 대답하기 힘든

긴 시간이 흘렀다. 이념과 철학은 표지석이 되어 우뚝 서 있는데 실천 방도는 여전히 어렵다. 어쩌면 평화와 안전의 목표는 오히려 더 난감하고 복잡한 상황이 되어왔다는 사실도 부인하기 어렵다. 평화를 목표로 하는 이론도 제각각이고, 국가별로 안보 추구의 방법도 혼란스러울 정도로 다양하다. 국제적 수준에서, 그리고 지구적 차원에서도 평화와 안보에 이르는 길은 미완의 과제들로 그득하다. 전통안보 연구 분야만 하더라도 그렇다. 국가 수준의 안보를 달성하기 위한 수단으로서 군사력 증강, 동맹과 억제^{deterrence} 전략, 그리고 무력적 수단의 안정적이면서 효과적 통제, 국가 간 협력과 합의 구조, 시장 이익의 공유와 상호의존성 등의 해법도 여전히 미흡하기 이를 데 없다.

이것에 더하여 새로운 유형의 안보 위협 요소가 등장하였고, 그 위협의 강도는 점차 증대되어왔다. 지구상 대부분의 국가들, 거의 모든 인류에게 새로운 도전이며 위협이다. 군사안보를 중심으로 한 전통안보와 구분하여 이들 새로운 위협을 신안보$^{emerging\ security}$ 위협이라고 구분하기도 한다. 대표적으로 기후변화, 감염병, 식량, 사이버, 테러, 에너지, 이민·난민 문제 등이다. 이 이슈들이 단순히 국제적 현상이 아니라 위협으로 인식되는 것은 국가 수준의 안보뿐 아니라 인간의 안전^{safety}과 생존^{survival}에 심각한 위협을 주는 요소이기 때문이다. 국가 지도자들과 전략가들이 이렇게 다양해진 위협에 대해 해법을 제대로 강구하고 있을까? 1941년 이래, 혹은 훨씬 먼 이전 시대 이래 '두려움으로부터의 자유'는 여전히 미완으로 남겨져 있고, 따라서 점점 더 절실한 목표가 되었다.

새로운 위협의 대표적 사례가 2020년 지구촌을 강타한 전염병 확산 위기다. 코로나바이러스는 인류와 국가에 대한 심각하고 근본적인 질문들을 던졌다. 국가의 존재와 책임, 시민 공공성과 민주주의의 좌표, 20세기 후반기 이래 세계화라 불렸던 시대적 추세의 명암과 방향, 과학기술과 국제정치의 미래, 포스트 코로나 국제질서 변동 등이다. 그중 핵심은 과연 '안전하다^{safe}'는 것은 무엇이며, 국가들은 그 목표를 어떻게 달성할 수 있는가의 근본적 질문이었다. 지금까지는 국가의 안전^{safety}을 주로 안보^{security}라는 개념적 렌즈를 통해 분석하고 방법을 강구해 왔다. 전술했듯이 그나마도 미완 영역으로 남아 있다. 사실, 안보라는 것도 본질은 사람과 국가의 신체적 안전$^{physical\ safety}$이라고 정의되기도 한다. 안전은 안보를 포괄하는 광의적 개념이다. 그런 의미에서 국가의 기본 역할은 '안전함의 추구'에 있다. 국가전략은 "국민이 삶과 일상을 영위함에 있어 안전한 나라"를 만드는 기획이어야 하고, "국민이 일상에서 두려움을 느끼지 않는 나라"를 구상하는 것에 있다. '두려움으로부터의 자유'를 주창했던 루스벨트의 철학과 같은 맥락이면서도 범위를 훨씬 확장할 필요가 생긴 것이다.

신안보 주제에 포함되는 것은 감염병 확산 위협만은 아니다. 이에 못지않게 심각한 것은 지구 온난화로 대표되는 기후변화다. 2021년 초, 미국 바이든 대통령이 취임 직후 취했던 첫 조치로 파리기후협약 복귀를 채택한 배경이기도 하다. 1990년대 이래 주창되어왔던 '지속 가능한 발전$^{sustainable\ development}$'이 더이상 설득력을 갖기 어려울 정도로 생태계의 위협은 가중되었다. 이제는 '지속 가능한 생존$^{sustainable\ survival}$'을 고민해야 할 정도가 되었다. 이와 함께 사이버 공격의 위협, 신종 테러의 위협도 인류에게 불안과 공포를 가중시키고 있다. 에너지와 식량 문제는 더이상 개별 국가의 어젠다가 아니다. 위협의 전조^{前兆}가 등장한 것은 이미 오래전이지만 믿음직한 해법은 아직 요원하게 보인다. 현재와 같은 추세가 지속된다면 앞으로 인류가 지구상에서 생존할 수 있는 기간은 급격히 짧아질 것임을 많은 미래학자들은 심각하게 경고하고 있다.

안전을 위협하는 요소들은 다양하다. 눈앞에 다가온 현재적 위협도 있고 수면 아래 숨어서 도사리고 있는 잠재적 위협도 있다. 근대 국제정치 질서 원리가 일부라도 아직 작동하고 있다는 전제에서 생각해보면, 어떤 위협들은 국가 단위로 해법을 강구해야 할 것들이 있다. 그러나 개별 국가로서는 도저히 해법 강구가 불가능한 것도 있다. 국제적 협력 외에는 방법이 없는 위협들이다. 개별 국가가 함양시켜야 할 능력도 국가전략의 목표이고, 공동의 문제에 대한 협력적 해법^{cooperative solution toward common problems}도 전략구상의 과제여야 한다.

더 안전한 국가를 만들기 위해 함양해야 할 국가 능력도 다양해졌고 목표도 복잡해졌다. 안보 영역에서는 우선 자강론 논제를 빼놓을 수 없다. 한국의 경우, 주변 국가로부터 생존의 위협을 받아왔고 실제 그것 때문에 생존에 실패했던 시기도 있었다. 앞으로 더이상 그런 외부 위협에 흔들리지 않을 정도의 안보 능력을 보유하고 싶다는 욕구를 포기한 적은 없었다. 다만, 이 자강론의 논변을 한반도 평화 담론, 동북아 지역평화와 어떻게 조화를 이루게 하느냐가 향후 전략적 과제다. 자강론을 통한 안보 능력의 확보는 외유내강^{外柔內剛}형 외교전략과 결합을 통해 실천되어야 한다는 논변이 그것이다. 기존 군사력(화력과 전략의 능력)에 더하여 예방 외교를 포함한 위기 예방의 능력, 위기로부터 신속하게 회복할 수 있는 능력, 위기관리의 효율성과 거버넌스 효율성도 안전국가가 갖추어야 할 국가 능력의 요소들에 포함되어야 할 것이다. 이러한 고민 모두가 향후 국가전략 구상에서 빼놓을 수 없는 주제들이다.

『2020 글로벌 新안보 REVIEW』(국가안보전략연구원, 2021) 발간사를 고쳐 쓴 글이다.

문화는 어떻게 전략이 되는가

"자부심에 바탕하여 능동적 대외전략을 구상하고 실천해야 한다는 의미에서도 문화 자긍심은 국가전략의 핵심이어야 한다."

넷플릭스를 통해 방영된 K-드라마 '오징어 게임'의 세계적 열풍이 대단하다. 방영 개시 26일 만에 1억 1,000만 명 이상의 사람들이 시청했고, 90개가 넘는 국가들에서 시청률 1위를 차지했다. 넷플릭스 역대 작품 중 최고의 흥행작이 될 가능성이 높다. 이 한국산 드라마에 대한 세계인들의 관심은 가히 폭발적이다. 다양한 방식의 패러디가 생겨나고, 드라마 속의 숨겨둔 각종 상징적 장치들과 복선들을 많은 유튜버들이 분석해 내고 있다. 그뿐 아니라 각국 언론에서는 K-드라마가 만들어낸 세계적 열기를 일종의 사회적 현상으로 설명하는 분석 작업들이 분주하다. 무엇보다도 시청자들을 화면 속으로 흡인하고 정주행하게 만드는 매력은 인간에 관한 스토리텔링의 기막힌 연출 때문으로 보인다. 그것은 한국 문화 산업 종사자들이 보여주는 대단한 능력이기도 하다.

한국 문화의 세계적 파급력

오징어 게임 열풍을 통해 확인할 수 있는 것은 한국 문화의 글로벌 파급력이다. 이는 이미 하나의 사회 현상이 되었다. 한국을 뜻하는 대문자 'K' 와 결합한 각종 장르가 탄생했고 세계인들은 K-fan으로 자처하기에 이르렀다. 최근 옥스퍼드 영어 사전에 '대박', '한복', '김밥', '누나' 등의 한국어 단어 26개가 영어단어로 새로이 등재되었다 하니, 말 그대로 한국 문화가 전세계를 대상으로 '대박'을 친 셈이다. 덩달아 한국어 교육에 대한 외국의 관심도 급속하게 늘어가고 있다. 한국학에 대한 관심 증대는 '상전벽해桑田碧海' 라는 표현이 가장 적절한지도 모른다.

한국 문화의 세계적 확산은 한국인의 자긍심 상승과 맞물려 있다. 한국의 성장은 20세기 후반기 가장 놀랄만한 세계적 사건의 하나였다. 압축성장이라 불리며 빠른 속도로 산업화에 성공했고, 국민의 힘으로 민주화도 이루었다. 게다가 세계 6위의 군사력을 보유한 국가가 됐다. 질 좋은 무기를 세계 각지로 수출하는 국가가 한국이다. 이제 외교를 통해 세계의 선도국가로 탈바꿈하려는 전략 목표를 세우고 있다. 여기에 한국인의 두뇌에서 창발되는 각종 문화상품들이 세계인들의 마음을 홀릴 정도로 매력적이기까지 하다. 한국이 더이상 동북아 변방에 위치한 작은 나라가 아니라 세계의 중심으로 이동하기 시작했다는 사실을 한류의 확산 현상이 드라마틱하게 확인시켜 준다.

문화 현상의 국가 정체성

한 국가에서 생산된 문화가 국경을 넘어 확산되면 사람들은 그 문화의 정체를 '국가'를 중심으로 규정하고 수용한다. 문화 현상의 국가 정체성이다. '기생충'을 '봉준호 물결wave'이라고 부르지 않고, 오징어 게임의 인기 현상에 황동혁이나 이정재 이름을 붙여 호명하지 않는다. K-드라마이고 K-무비다. 더 넓게는 한류$^{Hallyu;\ Korean\ Waves}$ 열풍이라고 정의하면서 한국이라는 '국가'를 발원지로 문화를 수용하고 소비한다. 문화의 생산자는 민간 영역이지만, 확산 과정은 국가라는 정체성과 결합되어 있다. 국가 브랜드와 문화가 맞물린 지점이다. 영국의 가장 오래된 일간지의 하나인 "더타임스$^{The\ Times}$"에서는 지난 2021년 10월 10일자 분석 기사에서 '한국의 문화는 어떻게 세상을 지배하게 되었나'라는 헤드라인을 걸고 한국산 문화가 만들어낸 세계적 현상을 다루고 있다. 문화 현상이 국가 정체성과 관련되어 확산될 때, 국가전략의 영역에서 일부러라도 배제하기 힘들다.

그렇다면 문화는 어떻게 국가전략의 한 부분으로 기능하는가? 우선, 문화는 산업영역과 밀접하게 관련되어 있다. K-뷰티, K-푸드, K-무비, K-팝, K-엔터테인먼트 등 문화 산업에서 창출하는 수익은 웬만한 제조업 분야에 못지않다. 문화 생산품이 매력의 발산을 매개로 부가적 경제 수익을 만들어내는 구조에서 문화 산업은 국가의 물질적 번영의 한 축을 담당하게 된다. 이탈리아나 그리스는 관광 수입이 국가 재정의 상당 부분을 차지하고 있다. 문화 산업이 국부^{國富} 창출의 한 구성요소일 때, 해외 시장에서의 문화 콘텐츠에 대한 관심은 당연히 국가전략의 한 부분이 된다.

더 중요한 것은 문화 파급력이 국가의 소프트파워$^{soft\ power}$ 능력을 높인다는 점이다. 소프트파워(연성권력)라는 개념은 미국 국제정치학자 조지프 나이$^{Joseph\ Nye}$가 제시했던 개념이다. 이 개념으로 국제정치학 연구의 새 장을 열었다고 평가되기도 한다. 국가 간 관계의 속성과 방향을 결정하는 것은 '당근과 채찍'으로 불리는 보상 능력과 강제력만이 전부가 아니다. 때에 따라서는, 그리고 21세기 들어서는 더욱, 설득력이 더 중요한 요소라는 것이 나이의 지적이다.

문화 콘텐츠는 매력 발산과 함께 송출되지만, 우상화^{idolizing}, 그리고 모방 욕구를 낳는다. 문화 콘텐츠에는 인간과 사회 현상을 바라보는 시선과 규범, 가치관이 내장되어 있다. 문화를 공유한다는 것은 문화 콘텐츠의 세계관에 동화되어 간다는 의미이기도 하다. 이 동화 과정을 통해 '하나의 의미권$^{a\ sphere\ of\ meaning}$'이 형성되고 문화는 설득력의 토대가 된다. 조지프 나이조차 한국 소프트파워의 무한한 능력과 미래 확장성에 대해 주목하고 있다. 한국이 세계를 상대로 선(善)한 영향력을 발신할 준비를 갖추었다는 의미다. 신뢰감과 유대감 강화를 통해 한국은 세계를 설득할 수 있는 능력을 갖기 시작했다.

국가전략으로서의 문화, 무엇을 고민해야 할까

문화가 국가 단위로 생산되고 정의된다고 해서, 또 국가를 대외적으로 대표하는 기관이 정부라고 해서 문화 생산 과정에 정부가 직접 관여할 수는 없는 법이다. 정부가 직접 문화 생산자가 되었던 시대의 불편한 기억들이 있다. 소위 관제(官製) 문화다. 인간의 감성을 자극할 수 있는 최적의 기제가 문화적 수단인 까닭에 일부 권위주의 국가들에서는 여전히 관제문화가 성업 중이다. 그러나 그런 방식의 효과는 극히 제한적이다. 확장성도 갖기 어렵다. 한류의 정치적 토대는 민주화였다. 민주주의 환경 속에서 개인의 능력과 아이디어가, 그리고 날카로운 사회 비평 의식이 문화 영역에서 꽃을 피웠다. 이런 논리에 의하면 문화 생산 과정에 특정 아이디어를 강제하는 것을 국가전략의 범주에 포함하기는 무리다.

그러나 문화가 국경을 넘으면서 국가의 이름으로 정체성을 가진다는 점, 그리고 문화 역량이 국가 연성권력의 구성요소라는 점을 염두에 둔다면 그 지점에서 문화는 국가전략에 포함되어야 한다. 우선, 정부와 문화 생산자의 관계 설정이 중요하다. 정부로서는 '지원하되 간섭하지 않는다'는 것을 중요한 원칙으로 견지해야 한다. 문화의 진흥정책이 불필요한 간섭이어서는 안된다. 다만, 국경을 넘어 해외 시장에서 그리고 타국의 수용 현장에서 한국 문화가 확산될 때 문화 산업은 국가의 잘 짜여진 기획력과 긴밀하게 조화를 이루어야 한다. 그러므로 국민 공감대에 바탕한 정부-민간 영역 간의 협업이 문화전략의 핵심 원칙이다.

문화에는 소위 선진 문화와 후진 문화의 수직적 구획은 의미가 없다. 문화가 자본과 결합하여 산업의 영역이 될 때 고가^{高價}와 저가^{低價}의 문화상품은 있을 수 있다. 그러나 문화 자체를 우월한 문화와 열등한 문화로 구분하는 방식은 19세기 제국주의시대의 문명화 담론이 남긴 불편한 유산이다. 세계로 확산된 우리 문화에 대해 무한한 자긍심을 갖되, 우월감으로 군림하지 않겠다는 결심이 중요하다. 문화적 대화는 일방적이 아니라 쌍방향이어야 한다. 이러한 원리에 대해서도 문화 발신지인 우리 국민들의 사회적 공감대가 있어야 한다. 사회적 공감대를 형성하고 유지하는 일 또한 국가전략의 한 부분이기도 하다.

한국인의 꿈, 세계의 미래

주변국들로부터 수많은 침탈을 당했던 아픔이 쓰라린 기억으로 서린 곳이 한반도다. 한반도에서 바라보는 국제정치는 냉혹한 무대였다. 주변국들은 늘 우리보다 힘이 센 국가들이었고, 거칠었다. 아름다운 사계절을 가진 금수강산이지만 부존자원은 부족한 나라였다. 분단된 한반도였고, 주변국들은 대립을 방치했다. 외교는 타국의 의중을 파악하고 따라가기 버거웠다. 식민지와 전쟁으로 인한 빈곤은 처절한 생존의 동기를 남겼다. 강한 군사력을 가져 더이상 침탈의 대상으로 전락하기를 거부했다. 의연하고 흔들리지 않는 나라가 되고 싶었다.

그랬던 난관과 도전은 이제 거의 극복해 냈다. 그리고 세계의 중심으로 우뚝 서려 한다. 그 진입로에 이르는 길을 한국의 탁월한 문화 능력이 선도하고 있다. 한국 문화 콘텐츠는 그럴 능력이 충분하다. 한류, 지금까지는 예고편에 불과할지 모른다.

대한민국의 미래에 관한 백범 김구의 꿈을 다시 상기하지 않을 수 없다. 나라를 잃었던 극한의 고통을 이국땅에서 눈물로 삭여야 했던 노(老)정치인은 일찍이 해방공간에서 다음의 글로 대한민국의 미래를 그렸다.

"나는 우리나라가 세계에서 가장 아름다운 나라가 되기를 원한다. 가장 부강한 나라가 되기를 원하는 것이 아니다. 내가 남의 침략에 가슴이 아팠으니, 내 나라가 남의 나라를 침략하는 것을 원치 아니한다. 우리의 부력(富力)은 우리의 생활을 풍족히 할 만하고, 우리의 강력(强力)은 남의 침략을 막을만하면 족하다. 오직 한없이 가지고 싶은 것은 높은 문화의 힘이다. 문화의 힘은 우리 자신을 행복 되게 하고, 나아가서 남에게 행복을 주겠기 때문이다. (후략)"
김구, 「내가 원하는 우리나라」 (1947)

백범의 꿈이 불가능하지 않다는 것을 이제 확실히 알 수 있다. 그럴수록 그의 꿈을 더 절실하게 이뤄내야 한다. 높아진 국민적 자긍심으로 세계만방의 여러 국가들과 나란히 어깨를 겨루어, 우리를 짓눌러 왔던 수동성의 오랜 기억을 벗겨내야 한다. 우리가 세계를 이끌고 있다고 굳게 믿으며, 인류 미래를 위한 지혜를 창의적으로 제안해야 한다. 주눅 들지 않고 세계와 마주할 수 있어야 한다. 자부심에 바탕하여 능동적 대외전략을 구상하고 실천해야 한다는 의미에서도 문화 자긍심은 국가전략의 핵심이어야 한다.

 이 세상 '가장 아름다운 나라'에서 가장 창의적 능력자들인 우리 대한민국의 문화 생산자들이 성찰과 지혜의 창을 더욱 넓혀주기를 기대한다. 자유롭게 미래를 상상하고 문명사회에 대한 날카로운 비판 의식을 담아야 한다. 우리의 눈으로, 우리의 글로써, 우리가 만든 화면으로 인간의 고민, 권력의 문제, 세상의 각종 시스템의 모순들을 비판적으로 직시하고 작품들에 담아내기를 희망한다. 세상의 문제들을 직시하되 자유와 평등, 평화와 생명에 관한 인류 보편적 가치에 대한 열망이 한국 문화 콘텐츠 안에서 찬란하게 꽃 피기를 기원한다. 그래서 '세계에서 가장 아름다운 나라'에 사는 우리들의 시선이 머무는 곳이 곧 인류의 미래가 시작되는 지점이 되기를 간절히 소망한다.

 같은 제목으로 「전략단상」(국가안보전략연구원, 2021.10.18.)에 게재한 글이다.

균형에 관한 몇 가지 생각

"세력균형론은 능력의 영역이고, 균형외교는 의지나 비전의 영역이다."

균형^{balance}은 어느 한편으로 치우치지 않고, 균등하게 나뉘어 있는 그런 상태를 의미한다. 균형이란 단어에서 보통 저울의 형상을 연상한다. 양측에 무게가 균등하게 나뉘어 그것을 가늠하는 바늘은 가운데를 향해 있다. 따라서 균형에는 안정감 혹은 평형성^{equilibrium}의 의미가 내포되어 있다. 균형과 유사하게 쓰이는 단어로는 '중용^{中庸}'이 있다. 이 개념에도 조화를 향한 철학적 신념이 내포되어 있다. 지나치거나 모자람도 없고 또 어느 한편으로 치우침도 없다는 의미다. '중화^{中和}'라는 말도 어느 한쪽으로 쏠리지 않으면서 중간 지점을 향한 의지를 담고 있다. 높은 완성도의 덕성^{德性}이란 치우침 없는 중간 지대에서 비로소 가능하다는 의미일 것이다.

국제정치 영역에서의 균형 개념

국제정치 영역에서 '균형'이라는 말은 꽤 빈번하게 거론되고 소비된다. 대표적으로 '세력균형'이라는 개념이 있다. 현실주의 국제정치학 시각에서 가장 핵심적 개념의 하나인데, 지금은 현실주의 패러다임만의 전유물이 아닌 것이 되었다. 단어의 사용처는 거의 상용화되었다. 국제정치에서 세력

균형이란 둘 혹은 그 이상의 강대국들이 '힘'을 엇비슷하게 나누어 가진 상태로 작동하는 국제정치적 조건을 일컫는다.

균형이라는 개념을 두고 국제정치 영역에서 벌어지는 논쟁은 크게 두 가지다. 하나는 세력균형 상태가 국제질서의 안정성을 보장하는 조건인가, 혹은 그 반대인가의 논쟁이다. 다른 하나의 논쟁점은 과연 세력균형이란 것이 객관적 판단의 영역인지, 아니라면 주관적 인식 영역인가의 문제다.

세력균형론의 출발은 그것이 국제질서 안정성의 조건이라는 전제였다. 양자兩者이건, 혹은 다자 구도이건 세력 분포가 비슷할 때는 어느 한편도 공격성을 드러내기가 힘들 것이라고 전제한다. 두려움을 가지기 때문이다. 또한 힘을 나누어 가진 주요 국가들은 그 상태를 현상으로 유지하려는 속성을 가지게 된다는 전제다. 여기에는 한 국가의 지배^{dominance}를 피해야 한다는 논리가 있고, 그와 동시에 국가 간 세력 분포가 균형점에 이를 때까지 힘의 증강은 불가피하다는 신념이 작동한다. 따라서 세력균형론은 늘 군비경쟁 논리와 동전의 앞뒷면처럼 맞물려 있다. 세력균형론은 다시 양극체제 안정론과 다극체제 안정론으로 나뉘기도 한다.

세력균형론과 정반대의 이론도 있다. 주요 국가들 간 힘의 분포가 비슷해지면 오히려 그것이 불안정의 원인이라는 것이다. 세력 배분 상태가 균형에 가까워질수록 도전국으로서는 '도전의 유혹'이 생기고, 기존 패권국으로는 '예방전쟁' 카드를 생각하게 된다는 설명이다. 이런 전제 위에서는 균형이 곧 불안정이다. 오히려 한 국가에, 이를테면 패권국에게 힘이 집중되어 있을 때 국제체제가 안정된다는 설명으로 이어진다. 대표적으로 패권안정이론, 세력전이론, 세계체제론 등의 이론들이 세력불균형 안정론의 전제에 기반하고 있다.

두 번째 논쟁점은 세력균형이란 것이 도대체 어떤 상태이며 누가 판단하느냐의 문제다. 국가의 능력, 즉 국력의 구성 요소와 속성을 생각하면 이는 불가피한 문제 제기이기도 하다. 국가의 능력은 크게 유형적^{tangible} 요소와 무형적^{intangible} 요소로 구성된다. 힘의 객관적 요소와 주관적 요소라고도 불린다. 수치로 표시할 수 있는 요소들, 즉 영토(의 크기), 경제력(GDP나 교역량 등), 군사력(국방비나 보유 화력 등), 정보력(국민 1인당 PC/통신기기 보유 비율, 초고속 사회연결망 등) 등이 국력의 유형적 요소다. 반면, 국민의 자긍심, 정치 리더십, 행정의 효율성, 군사 훈련 상태와 사기 등은 국력의 무형적 요소다. 요컨대 국가의 능력이란 한마디로 정의 내리기 어려운, 복합적 영역이라는 것이다. 그래서 국력이 균형적으로 배분되어 있다는 것을 어떻게 판단할 것인가의 문제가 생긴다. 따라서 세력균형이란 모호한 개념이고 결국 주관적 인식적 판단 영역일 수밖에 없다는 지적이다.

(전략)
사랑을 잴 수 없듯이
숨겨진 힘을 잴 길이 없다.
저울 위 눈금은 부수어진지 이미 오래.
고장 난 저울 위에서
알아차릴 수 있는 것은
어느 것도 없다.
어느 편이 기울고
어떻게 같아지는지
무엇을 알 수 있으리.

결국 창矛과 방패盾 같은 기괴함 아니더냐.

창과 방패가 만나는 방식도

모두 사람 마음의 일이다.

같아져야 한다는 주술도

같아지면 다툼이 사라질 것이라는 믿음도

다 사람 머릿속의 일이다.

(후략)

김기정, "세력균형론" 『꿈꾸는 평화』 (2015)

외교전략과 균형

국제정치학의 세력균형론은 구조론과 관련이 있다. 구조란 힘의 배분 상태를 의미하고 그 맥락에서 균형이라는 단어가 사용된다. 그러나 외교전략 영역에서 균형 개념은 이와는 또 다르다. 외교전략 영역에서는 균형자 또는 균형외교, 균형동맹이라는 단어를 떠올리게 된다. 이들 개념은 국가 대외적 행동에 내재된 '의도^{intention}'를 주로 의미한다. 세력균형론은 능력^{capability}의 영역이고, 균형외교는 의지나 비전의 영역이다.

균형자^{balancer}는 통상 국제질서의 안정자^{stabilizer} 역할을 수행하는 국가를 일컬어 왔다. 힘의 크기와 딱히 관련이 없다. 19세기 유럽정치에서는 영국을 균형자라고 불렀고, 20세기 들어 세계 주요 지역에서 수행했던 미국의 역할도 균형자라고 불리기도 했다. 세계정치, 지역정치 영역에서 질서를 안정적으로 유지하려는 역할에 자국의 외교 전략 목표를 두고 있을 때다.

2005년, 노무현 정부가 동북아 균형자론을 주창했다. 비난이 쇄도했다. 주된 논조는 '힘도 없는 한국이 무슨 지역 균형자인가'였다. 균형과 균형자 역할을 구분하지 않은 비판이었다. 국제정치를 불필요할 정도로 힘과 구조 중심으로 보고 있다는 한국적 인식편향의 방증이기도 했다. 동북아 균형자론은 동북아에서 대립 질서가 만들어질 위험성을 염려한 외교전략이었다. 대립 질서는 한반도를 다시 전선前線으로 만들 것이고 남북한 대립이 격화될 수 있다는 우려였다. 권력 구조의 변동을 의미하는 것이 아니었다. 지역평화 구축을 위한 평화 촉진자, 때에 따라서는 역내 갈등 조정 역할을 하겠다는 중재자로서의 의지, 역내 공동번영을 위해 아이디어를 발신하겠다는 창안자initiator 역할을 자임하는 것에 동북아 균형자론의 핵심이 있었다.

  2005년 동북아 균형자론은 국내적으로는 논쟁을 낳았으나 대외적으로 한국의 외교적 의지를 발신하는 것에는 성공을 거두었다. 한국이 균형자의 의지를 발신했으나 역내 대립 구도의 위험성은 완화되기는커녕 더더욱 높아졌다. 한국의 의도가 경쟁과 대결을 선호하는 국가들의 의도를 능가하지 못했기 때문이다. 한편, 2012년 대선에서는 문재인, 박근혜 두 진영 모두 외교정책의 원칙으로서 '균형외교'를 앞세웠다. 국가 능력이 커진 만큼 어느 한편에 치우치는 외교를 하지 않겠다는 의사 표현이다. 안미경중安美經中이라는 표현도 등장했다. 안보는 미국과, 경제는 중국과 협력하겠다는 의사였다. 여기에는 지정학적 조건에 대한 한국인의 오랜 우려도 내재되어 있다. 다른 국가들의 갈등에 우리의 의지와 상관없이 휘말리고 싶지 않다는 고민은 예나 지금이나 크게 다르지 않다.

  균형외교 혹은 균형자 역할은 편 가르기 담론과 만나면 불편해지는 개념들이다. 편 가르기 혹은 진영화 담론은 미국과 중국, 두 국가 중에서 누구를 선택하겠느냐의 질문이고, 어느 한편을 선택해야 하는 상황에서 균형외교가 가당키나 하느냐의 힐난이 묻어 있다. 국제정치를 '네 편 내 편'으로만 간주하려는 단순 전제 때문에 더 많은 전략적 고민과 담론 해석의 확장이 필요하게 되었다. 이를테면 이익 교환방식에서 공유^{公有}의 균형점을 지향해야 한다는 이익론적 균형, 이익과 가치(인식과 신념) 사이의 균형 등의 의미로 균형자 개념을 해석할 수 있어야 한다. 그러한 행위를 통해서 국제질서가 평형^{equilibrium}을 유지하도록 만든다면 그것이 균형자의 개념이 된다. 특히 한국의 입장에서 균형자를 자임하는 일은 강대국들의 정치적 결정을 단지 수용만 해왔던 이전의 수동성에서 벗어나 보겠다는 의사 표현이기도 하다.

전략의 균형성

전략에도 균형이 필요할 때가 있다. 정책 집행의 우선순위 설정과 순차성^{sequence}에 관한 고려, 정책 성과가 자칫 한쪽으로 쏠리는 결과를 만들지 않을까 우려하는 일도 균형 감각과 관련이 있다. 이와 더불어 국가전략에 포함되어야 하는 개념들 때문에, 그리고 개념을 수용하고 소비하는 인식 경향 때문에 전략구상의 균형성을 고려해야 할 경우도 있다.

우선, 개념으로부터 제기될 수 있는 정책의 편재성^{偏在性}이다. 유사하게 정의되는 두 가지의 개념이 있다고 가정해보자. 양자택일의 문제가 아닌데도 대립적 개념 혹은 상반된 개념으로 정의 내리게 되면 결과적으로 불필요한 쏠림 현상이 나타날 수 있다. 이를테면 평화와 안보 개념을 두고 그런 경향이 있어 왔다. 일반적으로 평화 개념이 안보보다 더 포괄적이고 상위의 개념이라는 것은 상식에 가깝다. 평화에 이르는 다양한 방법의 하나가 안보다. 더 구체적으로는 개체 중심의 안보담론, 또는 자강론과 동맹 등 군사안보의 방법이 있다. 개체 중심의 안보담론이 평화구축의 유일한 방법은 될 수 없다. 그럼에도 불구하고 평화에 대한 시선을 안보 렌즈로 좁히게 되면 대립과 편재 현상이 생길 수 있다. 평화담론을 이상주의적 접근법으로 폄하하거나 유약한 전략으로 간주하는 인식 경향이 있는 것도 평화와 안보를 다른 개념으로 대비시키기 때문이다. 평화 개념과 안보 개념 사이에 쓸데없는 긴장감이 만들어진다. 따라서 평화보다는 안보 개념을 더 중시하는 인식 경향을 단숨에 바꾸지 못한다면 평화전략과 안보전략 사이에 균형적 접근을 고려해야 할 논리가 필요하다. 전략적 선택으로서 균형은 이럴 때 가동되어야 한다.

개념을 두고 벌어지는 오해 때문에 쏠림 현상이 생길 수 있다. 쏠림은 경로 종속 결과를 만든다. 개체 중심의 안보담론에만 치중하다 보면 안보 딜레마에 빠지고 그것이 불안정의 원인이 되기도 한다. 평화와 안보 개념 사이의 균형감을 가지고 접근해야 할 필요가 있다는 뜻이다. 자강론적 안보나 억제전략을 유지하면서도 동시에 군비통제를 통한 안보 추구 혹은 경제적 이익 교환과 상호 의존성을 통한 평화 추구의 방법을 병렬적으로 추진하는 균형전략이 필요하다는 뜻이다. '평화 정착을 안정적으로 보장하는 국방'이라는 개념도 그러한 배경에서 제기된 바 있다. 그 예가 평화와 안보 사이의 균형전략이다.

전략구상과 균형성 간의 또 다른 필요성은 정책 우선순위 설정과 성과에 대한 조바심 때문에도 생길 수 있다. 모든 정책들은 성과를 내기 위해 디자인된다. 5년 단임제의 대통령제인 한국에서는 정권에 가용한 시간상의 제약 때문에 정책의 조기 성과에 대해 조바심을 내는 경우가 없지 않다. 성과에 대한 유혹은 때에 따라 정치적 신념이라는 이름으로 포장되기도 한다.

그런데 특정 정책 추진에 우선순위를 두고 속도감 있게 시도하게 되면 이 영역과 관련된 다른 부문이 결과적으로 영향을 받게 된다. 이를테면 분배 일변도의 전략을 신속하게 실천에 옮기면 성장 전략과 일시적 균열 현상이 생긴다. 결국 그것은 정치적 선택의 문제가 아니냐고 되물을 수 있다. 정책이란 것이 정치적 결정에 따라 진자振子처럼 좌우로 움직이며 실행되는 것도 사실이다. 그러나 편재성 때문에 비용이 발생할 수 있다는 점도 고려해야 하는 것이 국가전략 구상에 필요한 과정이다. 그 가능성에 대한 고민이 전략구상의 균형감각이다.

대외전략 부문도 이와 크게 다르지 않다. 이를테면 대북정책에서 성과를 내려고 일단 속도를 높이게 되면 외교 영역에서의 전략도 영향을 받게 된다. 그 반대의 경우도 마찬가지일 것이다. 한반도 문제의 근본적 이원성 구조 때문이다. 한반도 긴장 완화와 평화전략은 이를 효과적으로 추진하기 위한 외교전략과 동일한 톱니바퀴로 움직여야 한다. 한반도 대립 구도 유지를 여전히 염두에 둔 다른 국가들을 외교적으로 설득하는 작업도 대북 설득 못지않게 중요하다는 의미다. 대북화해협력정책을 단숨에 추진하려고 시도하다 보면 오해도 생겨나고 정책 영역에서의 결과로 인해 경로가 종속될 수도 있다. 따라서 대북정책과 외교정책의 상호 보완성을 균형감 있게 추진하려는 기획이 필요하다. 대북정책에 건설적 동력을 갖기 위해서라도 외교 영역에서의 다양한 전략과 함께 균형감있는 전략을 기획할 필요가 있다.

모든 균형이 정당한 것은 아니다. 기계적 균형은 오히려 그 자체가 경직성의 원인이 될 수도 있다. 그러나 양극단에 놓인 선택지만이 유일하다고 판단하게 되면 국가 경영 과정에서 쏠림현상이 나타날 수 있다는 점에 유의해야 한다. 편중된 해석과 전제가 국가전략 담론을 지배하고 재생산하게 되면 균형감각은 이러한 과정에서 쉽게 마비될 수 있다. 전략을 구상하고 실천하는 과정에서 병렬적 선택도 다양한 방식으로 가능하다는 판단은 그래서 필요하다. 전략 가변성의 범위를 확보하겠다는 생각이 균형감 있는 전략구상의 출발이 될 것이다.

젊은 나라, 늙은 나라

"국가 역량에 따른 국제적 위상의 변화, 국가 나이의 역전 현상은 왜 생길까?"

2022년 베이징 동계올림픽이 개막되었다. 중국이 낳은 세계적 거장巨匠 장이머우張藝謀 감독이 총연출을 맡은 개막식이 세계인의 시선을 사로잡았다. 개막식 중계 해설을 맡은 연출가 송승환 감독의 논평도 동시에 화제가 되었다. 시청자들로서는 불과 몇 달 전 도쿄에서 개최되었던 하계올림픽 개막식과 베이징 동계올림픽 개막식을 비교하게 된다. 연출력, 기술과 예술의 조화, 조명과 색감, 공연 짜임새와 수준 등 문화예술 역량에서 두 개막식은 확연히 차이가 나 보였다. 그런데 송승환 감독은 이 둘을 비교하면서 '이번 개막식에는 젊어지는 중국이 보이고, 도쿄 올림픽 개막식에서는 늙어가는 일본이 보였다'라고 한마디 촌평을 날렸다. 문화예술적 통찰력을 가진 사람의 흥미롭고 재치 있는 관찰이다.

따지고 보면, 국가가 젊고 또 늙었다는 것은 정부의 나이도 아닐뿐더러, 인구 평균 나이로 판단되지도 않는다. 더욱이 그들 나라 역사의 길이가 결정하지도 않는다. 사실, 문명의 역사로만 따지자면 중국의 나이는 일본과 비교가 안 될 정도로 훨씬 길고, 또한 훨씬 깊다. 동아시아 문명은 다양한 방식으로 중국에서 발원한 문명에 연원을 두고 있다. 일본도 그러하고, 한국도 예외는 아니다. 그런 판단 기준에서 보자면 중국이 젊어 보이고 일본이 늙어 보인다는 것은 어불성설^{語不成說}이다. 그럼에도 불구하고 송승환 감독의 해설에 시청자들이 고개를 끄덕이며 수긍하는 이유는 국가를 구성하는 복합적 요인들로 인한 활력 이미지 차이 때문일 것이다. 그 이미지라는 것의 정체를 좀 더 깊게 파내려 가면 동아시아 지역에 전파되었던 근대 서구 문명과 그것의 수용 과정, 그리고 이와 관련되어 나타난 국가 발전과 쇠퇴, 정체^{停滯}의 역사와 떼려야 뗄 수 없는 연관성이 있다.

서구 중심 질서가 동아시아로 확장되면서 그들 문명과 접촉 시점을 연대별로 나열하면 중국→일본→한국의 순이었다. 흥미로운 것은 이들 동양 3국의 초기 대응방식이 유사했다는 점이다. 쇄국, 즉 문명 수용의 거부가 최초의 대응방식이었다. 그리고는 무력적 외압에 시달린 것도 동일하다. 이른바 제국주의 침탈이었다. 다음 단계의 대응방식도 거의 동일한 논리 구조였다. 정신적인 가치에 대해서는 자국의 전통을 유지하되, 물질적이고 도구적 수단은 서양 것을 수용하는 방식이었다. 중국에서는 중체서용^{中體西用}, 일본은 화혼양재^{和魂洋才}, 그리고 한국(조선)은 동도서기^{東道西器}라고 불렀다. 어떻게든 압박을 견디려 안간힘을 썼던 것이다. 그러나 바로 다음 단계에서부터 수용 방식의 변용이 나타난다.

서구의 제도적, 문화적, 철학적 영역의 모든 문명을 수용하지 않으면 안 된다는 결론에 제일 먼저 도달했던 것은 일본이었다. 이른바 문명개화론이다. 막말^{幕末}, 유신 초기의 사상가 후쿠자와 유키치^{福澤諭吉}가 선도했고, 일본 메이지 정부가 국가전략으로 이런 요구를 수용하기 시작했다. 그 과정이 중국에게는 늦게 찾아왔다. 청일전쟁에서 패퇴한 이후라야 변법^{變法}이라는 이름의 개혁들이 시도되었다. 그러나 중국은 근대국가로서의 동력을 정비하지 못하고 있었고, 서구 제국주의 국가들에게 중국 시장은 포기하기 힘든 신화가 되어 있었다. 반#식민지 상태의 중국에게는 혁명의 20세기世紀가 기다리고 있었다. 한국의 경우는 문명개화론과 동도서기론 사이의 갑론을박이 처연하게 진행되는 동안, 19세기 말에 이르러 너무 강해진 외압을 견디지 못하는 시대 환경에 직면했다. 그리고 식민지로의 길이 강요되었다. 역사학자들은 동양 3국의 운명적 분기점, 즉 제국주의로의 길과 혁명의 길, 그리고 식민지로의 길이 나뉘는 지점이 청일전쟁 직후라는 것에 큰 이견을 달지 않는다.

일본이 문명개화론을 앞세워 서양을 전적으로 모방하기로 했던 시기, 그 시대의 일본 지식인 사회에서는 중국을 늙고 병든 국가로 묘사하였다. 악우惡友라 칭하며 단절하려 했고, 멸시하며 조롱했다. 후쿠자와가 주창했던 탈아입구脫亞入歐의 논리는 그런 것이었다. 서구 모방이 시대정신이라고 믿었던 일본은 서양인과 같은 시선을 가지려 했고, 그 각도에서 중국과 조선을 바라보았다. 서구인들이 동양에 대해서 가졌던 편견, 즉 오리엔탈리즘Orientalism은 일본에 의해 복제되었다. '동아시아 내부의 오리엔탈리즘', '우리 안의 오리엔탈리즘'에는 기획되고 왜곡된 편견이 도사리고 있었다.

그 시기에는 일본이 젊은 나이였다. 서구인들의 시선에서도 일본은 소위 문명권의 신입 회원이었다. 일본 스스로 그 판단을 내재화했다. 혈기왕성했고 거침이 없었다. 중국과 러시아를 상대로 전쟁에서 이긴 뒤, 제국주의라는 호랑이 등에 올라타게 되었는데 다시 내려올 수 있는 복구력은 급격히 상실해 갔다. 그리고는 군국주의의 길을 선택했고, 전쟁으로 치달았다. 그 일련의 결정들은 당시 시대를 살았던 일본인들에게는 물론, 동아시아 지역 전체의 역사에 큰 상처를 남겼다. 패전 이후, 다시 한번 기회를 포착했으니 이번에는 냉전과 6·25전쟁이 계기였다. 그러나 그들의 시선은 여전히 서구 중심의 세계관에 갇혀 있었다. 1960~70년대를 거치면서 일본은 신체 사이즈가 커졌으나 19세기의 두뇌를 몸에 가둔 채였다. 그리고는 천천히 늙어가기 시작했다. 그런 노화 증상이 현실로 확인되었던 것은 경기침체 30년 동안이었다. 변화에 순발력 있게 대응하는 힘을 잃어갔고, 점점 갈라파고스가 되고 있다는 평가가 일본 국내외에서 제기되었다. 특히 디지털시대로의 진입 과정에서 더딘 속도를 숨길 수 없게 되었다.

반면, 중국은 혁명과 변혁의 소용돌이 속에서 20세기를 보냈다. 신해혁명, 공산혁명, 그리고 문화혁명을 거쳐 개혁개방의 길을 걸었다. 중국이 가진 잠재력을 현실 국가 능력의 영역으로 전환하기 시작했던 것은 자본주의 체제로의 진입 이후였다. 세계자본주의 체제의 하변부로 편입되어 거대한 시장으로서 기능뿐 아니라 세계의 공장으로 성장동력을 모색했다. 산업화 추진에 있어 후발주자의 이점을 살리는 것이 핵심이었다. 그리고 중국은 예상보다 더 빠른 속도로 세계의 중심으로 부상했다. 국민총생산으로 상징되는 경제력 규모로 일본을 따라잡았던 시점이 2010년, 청일전쟁이 끝난 지 115년 만이었다. 19세기 후반 이래 고착됐던 중국과 일본의 관계에 역전이 이루어진 것이다. 위상의 역전으로 일본은 두려움이 커졌고, 중국은 자존감이 커졌다. 중국은 젊은 이미지를, 일본은 늙은 이미지를 갖게 된 것은 이러한 배경에서다. 혈기왕성해진 젊은 중국은 중화민족주의를 부활시켜 자존감을 드높이려하고 있다. 19세기 일본이 그러했듯, 중국의 미래 행보가 위험스러워 보이는 것도 젊어진 나이 때문이다.

국가의 나이는 사람 나이와 달라서 줄곧 노화로만 진행되는 것이 아니라 젊어지기도 한다. 국가 역량이 오르락내리락하면서 변화하기 때문이다. 그리고 역량 변화가 만들어 내는 사회 역동성, 그리고 조형된 이미지 변화 때문이다. 국가 역량에 따른 국제적 위상의 변화, 국가 나이의 역전 현상은 왜 생길까? 이는 역사학의 오랜 주제이기도 하고 사회과학적 탐구의 대상이기도 하다. 설명은 다양하다. 역사학자 폴 M. 케네디$^{Paul\ M.\ Kennedy}$는 강대국 흥망성쇠의 비밀이 군사력 팽창과 경제력 사이의 격차에 있다고 설명했다. 강대국이 대외적으로 팽창^{outreach}의 유혹을 가질 때, 그것을 지탱해 줄 경제력이 보강되지 않으면 쇠퇴가 시작된다고 설명한다. 이와 유사한 논조로 패권국 쇠퇴의 불가피성을 설명했던 사람도 있다. 정치학자 로버트 길핀$^{Robert\ Gilpin}$이다. 국가가 패권국 지위에 도달한 이후 경제 능력의 성장률과 패권 유지 비용의 상승률이 동일하지 않기 때문에 격차가 생긴다는 것이다. 패권 유지 비용이 더 빨리 증가하는 경향 때문에 쇠퇴국면이 시작된다는 설명이다.

결국, 경제성장 동력의 상대적 감속이 국가 나이를 결정하는 주된 요인으로 보인다. 19세기 중반 이후 영국의 쇠퇴 이유를 영국 경제 내부의 문제, 즉 자본가의 보수적 투자 성향 때문이었다고 설명했던 사람은 역사학자 에릭 홉스봄$^{Eric\ Hobsbawm}$이었다. 자본 투자 이후 이익 회수의 사이클과 시차 때문에 새로운 산업 영역으로의 신속한 전환이 더디어졌다는 것이다. 1차 산업혁명과 2차 산업혁명 사이에 일어난 전환기 현상이었다.

그렇다면 발전의 후발국, 즉 도전국의 이점은 무엇일까? 경제 발전에 기술을 접목시킬 때 비용이 상대적으로 적게 든다는 점이다. 원초 기술에는 개발비용이 있다. 그러나 기술은 산업 확장과 더불어 국경을 넘어 파급된다. 후발국들은 더 진화된 기술을 상대적으로 적은 비용으로 산업에 투입할 수 있게 된다. 따라서 생산력을 높일 수 있다. 경우에 따라 중간 단계의 기술 진화를 생략하고 곧바로 첨단기술 영역으로 진입도 가능해진다. 도약이 가능하고 비용을 줄일 수 있다. 오늘날 중국이 통신, 반도체, 배터리, 전기차 등 새로운 산업 분야에서 특히 강세를 보이는 이유이기도 하다.

중국과 일본의 나이가 역전되는 동안, 한국은 어떤 길을 걸었고, 지금 어떤 나이쯤에 와 있을까? 19세기 후반기, 동양 3국 중 한국이 겪었던 외압의 강도가 제일 높았다. 서구 제국주의가 점점 경쟁국면으로 바뀌면서 그 경쟁이 품어내는 외압도 세졌거니와, 중국과 일본이 한반도를 차지하기 위해 벌였던 외압도 상상을 초월하였다. 무도한 젊은 일본과 고집만 남은 늙은 중국 사이에서 한국은 유약한 어린이와 같았다. 한국은 그 압력을 견뎌낼 힘과 전략이 없었다. 일본에 의한 식민지 기간 동안 발전이 저하되고 왜곡되었던 것은 당연했다. 식민지는 기본적으로 수탈을 목적으로 한 경제구조였다. 해방 후 분단과 전쟁은 더 큰 시련이었다. 그러나 1960~70년대를 거치면서 산업화를 개시했고, 민주화는 경제 발전의 큰 동력이 되었다. 후발주자로서의 강점도 성공적으로 살린 국가에 속한다. 1970년대 '네 마리의 용', '네 마리의 호랑이'로 상징되었던 발전상이었다. 한국은 거기서 한 걸음 더 도약하여 이제 경제, 군사, 문화 영역에서 세계의 중심으로의 진입을 눈앞에 둔 나라가 되었다. 한국은 이미 젊은 나이다. 중국보다는 조금 이르게 발전 동력을 국가전략과 결합하는 것에 성공했다. 발전 가능성이 아직 크게 열려 있는 청년의 나이다. 그래서 일본에서는 찾아보기 힘든 사회적 활기가 넘친다. 뛰어난 활력을 세계무대에서 시전 중이다.

지금부터 반세기 정도의 시간이 지난 후 동양 3국의 나이와 국가 이미지는 또다시 어떻게 변해있을까? 아무도 정확히 전망하기는 어렵다. 과거의 변화 패턴이 미래에 꼭 같이 반복될 것이라고 예측하는 것은 아둔한 짓이다. 늙은 일본이 더 늙어질 수도 있고, 젊은 중국이 쇠락할 가능성도 배제하지 못한다. 젊은 청년 한국이 더 젊어지는 나이가 될 수도 있다. 동양 3국 간 역전에 재역전을 거듭할 수도 있을 것이다. 그것을 결정하는 핵심은 경제 역량의 발전이지만, 그것이 전부는 아니다. 갈등을 해결해 가는 정치적 역량, 경제 안보 영역에서 강구해야 할 외교적 역량, 공동체 시민의식, 사회적 공감대와 자긍심 등 다양한 요인이 국가의 미래 나이를 결정할 것이다. 무엇보다도 과학기술 분야에서 창의력을 키워 선도산업을 주도해 나가는 노력이 가장 중요하다. 선도산업에서의 경쟁력은 그러한 역량들이 종합적으로 결정한다. 젊어졌다는 자부심이 자만심으로 변질되어 정신승리만 외친다고 국가 나이는 결코 젊어지지 않는다. '라떼는 말이야~'를 외쳐대는 늙은 꼰대로 전락하기 십상이다.

같은 제목의 「전략노트」 18호 (국가안보전략연구원, 2022.2.7.)를 고쳐 쓴 글이다.

2장

한반도 평화 디자이닝

한반도 평화공존의 구조

"2018년의 변화는 관습이 되어버린 대립과 갈등이 마침내 변화할 수 있다는 가능성을 보여주었다."

2018년의 분단사적 의미

2017년, 한반도 위기는 눈앞에 다가선 현실이었다. 진원지는 두말할 나위 없이 북한이었다. 그들은 핵 무력 완성을 향한 최종단계 행동들을 거침없이 드러냈다. 미국은 '코피 전략' 운운하며 무력수단 사용을 공공연히 암시했다. 위기로 그득했던 2017년과 비교하면 2018년 초부터 반전이 시작되었다. 극적이면서 놀라운 변화였다. 평창동계올림픽을 계기로 남북한 특사들이 분주히 오갔다. 4월, 판문점에 세계의 이목이 집중되었다. 남북한 두 정상은 도보다리 위에서 한참 동안 대화를 나누었다. TV를 통해 들리는 소리는 새소리가 전부였으나, 그림은 새로운 시대의 개막을 알리는 듯 보였다. 혹자는 '한반도의 봄'이라 불렀다.

분단 70년, 전쟁과 위기, 증오와 불신은 일상이 되어버린 한반도였다. 1953년 휴전협정은 전투행위만 중단했을 뿐, 안정적 평화를 약속하지 못했다. 정전체제는 남북한 간 신뢰도 화해도 만들어내지 못했고 심지어 종종 망각되기도 했다. 전쟁이 재발하지 않았으니 평화라고 부를 수는 있으나 '불안정한 평화'에 다름 아니었다. 그런 시대를 거치면서 한반도의 남쪽은 섬이 아닌 섬이 되었다. 2018년의 변화는 관습이 되어버린 대립과 갈등이 마침내 변화할 수 있다는 가능성을 보여주었다. 출발은 인식의 전환부터였다. 불편해진 대립 구도를 변화시켜 안정적으로 지속되어야 할 평화의 길을 찾자는 것이었다. 대립중심의 현상 유지$^{status\ quo}$ 습관들을 재구성하자는 것에 있었다. 분단 모순을 다시 생각하자는 것이었다. 한반도 평화구상은 그런 시대적 필요성에서 나왔다. 그것이 결코 불가능한 일이 아님을 2018년의 변화들이 증명하였다.

   분단사 대부분은 대립이었다. 주로 국제정치 환경으로부터 제기된 대립이었고, 남북한 역대 정권들의 정치적 목적이 대립의 분단 질서를 유지시켜 왔다. 냉전기 동안 동북아 국제정치 환경은 적대적 균형이 기본 개념이었다. 그 중심에 한반도의 적대적 대립 구도가 동-서 두 진영 간 전선$^{前線\ front\ line}$으로 작동했다. 남북한 적대적 대립 구도를 동북아 열강들이 전략적으로 활용했던 것은 한반도를 인식하는 기본 전제가 '분단유지$^{divide-and-rule}$'에 기반하고 있었기 때문이다. 그리고 그 전략적 선호도는 쉽게 바뀌지 않았다. 남북한 정권들도 이러한 국제환경에 순응하고 때로는 활용하면서 정권 유지의 정치적 목적과 결합하였다.

   한국 역대 정부의 한반도 분단관리전략이라는 관점에서 보더라도 대립 위주의 전략이 주된 방식이었다. 한국 역대 정부의 분단관리전략 결정은 크게 두 가지 요인에서 나왔다. 하나는 안보 영역의 고려사항, 즉 안보 민감성이었고, 다른 하나는 통일정책의 상징성/실천성의 강도였다. 대립전략은 한국의 대외환경에서 안보 민감성이 높다는 판단과 통일정책이 정치적 구호로서만 소비되었을 때 등장했고 그런 방식으로 유지되었다. 실제 현장에서 작동되었던 관리양식에 더하여 이념형$^{ideal\ type}$ 분단관리전략을 포함하면 크게 네 가지 유형으로 나눌 수 있다. 이를 표로 나타내면 아래와 같다.

	분단	대화와 소통	양국체제	축의 균형	안보방식		외교와 대북정책
(A)적대적 대립전략	현상유지	없음	불인정	국제>민족	군사안보	동맹	봉쇄
(B)공생적 대립전략		소극적	사실상 인정				경쟁
(C)평화공존 전략		적극적		국제=민족	군사안보 + 군비통제	동맹 + 다자안보	선순환
(D)통합지향 전략	현상변경		극복	국제<민족			

대립 위주의 분단 질서를 지속시켜왔던 한국의 분단관리전략은 주로 (A)유형과 (B)유형의 전략이었다. 남북한 간 교류형 공존질서가 조형되고 작동되려면 (C)유형의 평화공존전략으로 실천이 전환되어야 했다. 2018년의 변화는 대립 중심의 분단관리 전략을 평화공존전략으로 전환하는 것에 초점을 두고 있었다. 2018년 구상의 연원^{淵源}은 김대중 정부, 노무현 정부 시기에 실천되었던 햇볕정책 그리고 평화번영정책이었다. 셰익스피어의 표현대로 '지나간 것은 서막이었다.$^{What\ is\ past\ is\ prologue.}$'

2018년의 변화에서 특기할 만한 점은 민족내부적 영역$^{intra-national\ dimension}$의 정치적 결정이 국제정치영역$^{inter-national\ dimension}$의 변화를 견인했다는 점이었다. 주지하다시피 한반도 정치 기상도는 남북관계와 국제정치 영역이라는 이원적 구조다. 분단 개시 시점부터 줄곧 국제정치 영역의 결정들이 지배적 동력이었다. 2018년은 달랐다. 판문점 선언이 싱가포르 선언을 견인했고, 몇 차례 국가 간 정상회담으로 이어졌다. 2018년 '한반도의 봄'은 냉전 70년 동안 현상유지$^{status\ quo}$의 오랜 인식적 관성에서 벗어날 수 있음이 불가능하지 않음을 깨닫게 했다. '사람들이 덜 걸어갔던 길$^{the\ road\ less\ traveled\ by}$'을 선택하여 평화와 번영을 향한 새로운 '변화'를 상상할 수 있게 되었다는 점에 특히 주목할 필요가 있다. '대립을 통한 적대적 균형만이 평화유지의 유일한 길은 아니다'라는 생각, '한반도에서 냉전 종식이 갖는 세계사적 의미'에 대해 새삼 생각하게 되었다.

어떤 평화여야 할까?: 케네디(JFK)의 이상을 소환하다

평화에 이르는 길은 이론적 영역이나 실천적 영역에서 복잡하기도 할뿐더러 여전히 어려운 문제로 남아 있다. 국제정치 역사현장에서는 다양한 접근법이 구상되고 실천되어왔다. 크게 나누면 현실주의 접근법(자강론; 동맹론; 억제전략), 절충주의 접근법(군비 통제), 자유주의 접근법(국제안보론; 자본주의 평화론; 제도론) 그리고 이상주의 접근법(군축론; 반전주의) 등이다. 중요한 점은 평화에 이르는 길에 특정한 한 가지 접근법만이 존재하는 것이 아니라는 것이다. 단일해법의 전제로 단순화하는 접근은 오히려 경계되어야 한다. 병행 논리와 결합의 전략이 필요하다.

1963년 6월, 미국 아메리칸 대학$^{American\ University}$ 졸업식에서 행한 존 F. 케네디 대통령의 '평화연설$^{peace\ speech}$'에 주목해 볼 필요가 있다. 그는 '진정한 평화$^{genuine\ peace}$'란 무엇인가를 물었고, 인식의 전환과 현실적 대안을 제안하였다. 냉전의 정오^{T午}였던 1963년이라는 시점에서 평화에 대한 근본적 질문과 실천 가능한 해법을 담대하게 요청하였다. 핵무기 증강만으로 평화가 보장될 수 없으며, (미국만의 평화가 아니라) '모두를 위한 평화', 그리고 (동시대만의 평화가 아니라) '지속되어야 할 평화'를 만들자는 것에 있었다. 환상으로서 평화가 아니라 실용적이고 성취 가능한 평화를 강조했다. 요컨대, 평화는 '문제해결을 위한 과정 peace is a process - a way of solving problems'이라는 점을 강조하였다.

 2018년 이후 한반도 평화구상도 케네디의 제안과 맥을 같이 한다. 지속 가능하고 안정적 평화공존을 목표로 하고 있다는 점에서 그러하다. 힘에 의한 평화만을 유일한 방도로 간주하지 않는다는 점도 마찬가지다. 한반도 평화구상에는 현실주의, 절충주의, 자유주의 평화 개념이 병렬적으로 내장되어 있다. 북한의 무력 도발을 어떤 경우라도 허용하지 않겠다는 억제전략, 2018년 9월 남북 군사협정이 상징하는 군비 통제 방식, 하나의 시장에서 이익을 공유하자는 한반도 신경제구상 등이 한반도 평화구상의 내용들이다. 그 세 가지 실천 방법의 순서, 결합의 방식, 병렬의 전략에 정해진 공식은 없다. 그것은 정치적 판단의 영역이다. 이러한 병행 논리는 JFK의 제안처럼 동시대만의 선택이 아니라 한반도 미래 시대를 위한 유효한 논리이기도 하다. 한반도 평화공존의 진행 상황에 따라 현실주의, 절충주의, 자유주의 접근법의 결합 방식은 달라질 수 있고, 달라져야 한다. 그것은 전략적 지혜의 영역이기도 하다.

 북한 비핵화도 평화구상에 당연히 포함되어야 한다. 한반도 평화에 비핵화 문제를 결합하는 방식도 두 가지다. '비핵화를 통한 평화'와 '평화를 통한 비핵화'다. '비핵화를 통한 평화'는 한반도 평화체제 구축에 비핵화를 선결 논리로 두는 방식이다. 이른바 비핵화 입구론이다. 그러나 입구론만으로 북한 행동을 견인, 변화시킬 수 있는가에는 의문이 있는 것도 사실이다. 반면, 평화공존을 통한 비핵화 방식은 긴장 완화를 통해 북한 비핵화 과정을 촉진시킬 수 있다는 논리다. 군사적 긴장 완화와 운용적 군비 통제, 경제 교류와 이익의 공유가 확장되면 북한의 비핵화 과정에서 '돌아갈 수 없는 지점들'을 설정할 수 있다고 간주한다.

한반도 평화공존: 담론과 개념

평화공존은 적대적 공존과 대비되는 개념이다. 적대적 공존을 재생산했던 다양한 대립 구조를 완화하려는 시도가 평화공존의 출발점이다. 대립의 유지/재생산/강화의 모든 과정과 결과가 곧 분단 비용이다. 전쟁 위기의 일상화에서 평화의 일상화로 모드를 전환시키는 일, 그것이 지속가능한 평화공존의 시작이다. 적대적 공존을 재생산해 왔던 이익 구조, 담론 구조를 넘어서야 평화공존이 가능하다. 북한과의 체제 경쟁은 이미 오래전에 끝났다. 그럼에도 불구하고 북한의 패배 인정을 기어이 받아내겠다는 심리 경향이 있는 것도 사실이다. 일시적 승리감을 추구하는 행동이나 증오 심리 자체를 전략의 범주에 포함시키기는 어렵다.

평화체제$^{peace\ regime}$는 평화공존 질서의 제도적 장치다. 정전협정을 평화협정으로 전환하는 과제가 포함된다. 우선, '1950년의 전쟁을 이제 끝내려 한다'는 정치적 선언부터 시작되는 것은 중요한 의미가 있다. 경제적 영역에서도 기본 합의를 비롯, 공동의 이익을 확대할 수 있는 다양한 합의들이 포함되어야 한다. 다수의 합의, 정치적 약속, 조직과 기구의 설치 등이 평화공존 질서 제도적 영역에 해당된다.

통일과 관련지어 생각할 일이 있다. 분단은 긍극적으로 통일과 길항^{拮抗}관계를 이루지만, 통일에 이르는 길은 공존의 긴 과정이 필요하다. 그 과정은 안정적이고 평화로워야 한다. 그것이 적대적 공존의 70여 년 경험에서 되새겨야 할 교훈이다. 남북한 정권에게 '적화통일'이나 '(붕괴를 통한) 흡수통일'은 이제 정책적으로 유효하지 않다. 규범적으로 바람직하지도 않다. 통일에는 두 가지 개념이 있다. '법적인 통일$^{de\ jure\ unification}$'과 '사실상의 통일$^{de\ facto\ unification}$'로 개념이 구분되어야 한다. 법적인 통일은 하나의 국명國名을 사용하는 국가연합 혹은 연방제의 정치적 결정이다. 국가연합 형태이건 연방제 형태이건 모두 정치적 틀에 관한 결정이다. '사실상의 통일'은 이러한 정치적 결정에 원만하게 도달하기 위한 과정적 조건이다.

사실상의 통일은 한반도에 두 개의 국가가 공존하고 있음을 전제로 하고 남북한 간 경제적 사회문화적 교류가 활발해진, 그리고 군사적 긴장도가 낮아진 상황을 전제한다. 그것이 '법적인 통일' 이전에 통일 비용을 줄이는 길이기도 하다. 따라서 사실상의 통일은 평화공존 질서를 필요로 한다. 담론 영역에서 '한반도 양국체제론'은 '사실상의 통일' 개념, 평화공존 질서, 평화체제 등의 개념들과 같은 논리 선상에 있다.

평화체제에 이르는 과정과 장치들

한반도 평화체제는 한반도 평화공존 양식을 지속하게 하는 제도적 장치다. 우선, 남북한 관계 영역에서 한반도 평화체제에 포함되어야 할 조건들은 다음의 네 가지 신뢰 구축 장치들이다.

① 정치적 신뢰 구축 (긴장 완화 및 평화공존을 위한 정치적 합의와 실천; 기존 남북 합의의 존중)

② 경제적 신뢰 구축 (경제 분야의 교류 활성화 및 이익의 교환 구조; 관광 협력 사업, 북한 인프라 개발 프로젝트, 세 개의 벨트를 통한 경제 협력, 개성 공업단지 재개 및 확대, 그리고 궁극적으로 관세동맹과 단일 화폐권 구상 등)

③ 사회문화적 신뢰 구축 (공존과 다양성에 대한 상호이해; 적대감 해소와 화해; 인도주의 지원; 민족 동질성 회복의 문화 운동)

④ 군사적 신뢰 구축 (군비 통제와 공동안보; 군사적 긴장 완화; 비무장지대 화력 집중도 완화)

한반도 평화체제 구축 없이 동북아 평화질서는 불가능하다. 남북한 당국이 주도하는 한반도 평화체제는 국제정치 영역으로부터 보증되어야 한다. 종전선언 → 평화협정 → (북미, 북일) 외교관계 정상화로 진행되는 것이 순리다. 다만, 전략적 판단에 따라 외교관계 정상화가 평화협정에 선행하는 것도 배제할 수 없다.

남북미 또는 남-북-미-중 간에 체결되어야 할 평화협정은 3~4자형 협정이 바람직하다. 다자 협정은 복수의 양자형 평화협정과 병렬적으로 진행될 수 있을 것이다. 3~4자형/양자형 평화협정이 담아야 할 조항들은 •상호주권의 존중 •휴전협정의 공식 종료 •정치적 화해 •군사적 신뢰구축 조치들 •한반도 비핵화 •경제적 교류와 협력 •외교관계의 정상화 선언 •유엔사^{UNC}의 해체 등이 고려될 수 있을 것이다.

한반도로부터 시작되어야 할 동북아 평화질서의 원리 중 하나는 '지역공동체'의 개념이다. 공동체 개념은 대륙 세력과 해양 세력 간 대립을 전제로 했던 기존 지정학 개념을 넘어서는 것이다. 동북아 공동체는 지역의 평화와 공동번영에 관련국 모두가 책임을 나누어 가지자는 '책임공동체'가 핵심 개념이다. 동북아 지역의 평화(안보)공동체, 경제(번영)공동체 개념도 그 연장선에서 구상하고 실천할 수 있어야 한다.

동북아 평화질서는 동북아 안보 메커니즘에 대한 새로운 구상을 필요로 한다. 기존 양자 동맹 중심의 메커니즘에 더하여 남북한과 미, 중, 러, 일 등 4강들과 몽골이 참여하는 동북아 안보협력체 구축이 구상되어야 한다. 동북아 지역 문제 및 국제적 협력을 정례화하고, 갈등을 사전에 방지하는 예방 외교의 대화, 지역적 수준의 군비 통제와 군사적 신뢰 구축 조치 등을 목표로 해야 한다.

"한반도 평화나눔 포럼" (민족화해위원회·평화나눔연구소, 2021.11.6.) 발표 내용을 다듬어 쓴 글이다.

전략구상 플러스
: 평화공존 질서를 발진시키기 위한 몇 가지 생각

"세계인들로 하여금 한반도에서 진행되는

평화로의 대전환에 관심을 갖게 만들어야 한다."

관용과 화해의 담론

한반도 평화공존 구상은 사회적 공감대가 형성되고 확장되지 않으면 미래로 가는 실천성을 가지기 어렵다. 변화 동력과 관성의 동력은 역사 어느 시점이나 경합하는 것이지만 경합의 강도가 유독 눈에 띨 정도로 격렬할 때가 있다. 한반도 분단사 70여 년을 지난 2020년대가 그런 지점이 아닐까 문득 생각하게 된다. 분단사 오랜 구조가 적대적 공존 방식으로 채워져 있었기 때문에 관성의 동력도 결코 녹록지 않다. 관성은 대개 집단 기억, 정체성, 이익 구조와 관련이 있다. '이제 바꾸자'는 정치적 결정만으로 냉전 70년 동안 축적된 집단 기억을 쉽게 변화시키기는 어렵다. 집단 기억에는 전쟁의 상처는 물론, 북한에 대한 적대감과 증오심, 두려움도 구성요소다. 직접 경험한 세대만의 기억이 아니라 다음 세대에게 계승되는 기억들이다.

사회의 집단 기억이 변화하는 방식은 정치적 구상이나 결정보다 후행(後行)하는 경향이 있다. 그리고 변화 과정은 속도가 더디다. 집단 기억의 형성,

재생산, 증폭의 메커니즘 때문이다. 그렇다고 정부의 결정이나 전략가들의 미래구상이 사람(들)의 기억을 순식간에 바꿀 방법은 딱히 없다. 마음을 움직여야 하고 성과와 기대감을 결합하여 보여줘야 한다. 그러나 성급하게 성과를 보이려고 움직이면 예기치 못한 후폭풍을 맞을 수도 있다. 그 역시 수면 밑에 늦게 움직이는 집단 기억 때문이고, 그것에 편승한 정치세력 때문이다. 그러므로 사회의 인식을 변화시키는 작업에는 세밀한 디자인이 필요하다. 여기에 일정부분 기여할 수 있는 것이 '전략담론'이다. 시대정신에 부합하는 논리와 방향을 제안하고 사회적 공감대를 넓혀 가는 일이다. 전략가들의 상상과 논변이 치열하게 요구되는 대목이다.

대립적 분단 질서는 남북한 간의 정치적 문제만은 아니었다. 대립은 적대감과 증오의 감성을 동반한다. 그것이 한국 사회 내에 자가 번식하도록 내버려 두었다. 그러므로 적대감 완화와 해소를 목표로 하는 관용과 화해 담론을 진지하게 고민해야 한다. 이념적 차이가 빚어낸 증오심을 완화시키는 것이 핵심이다. 남남갈등은 이념의 정치적 활용과 악용의 파생품쯤으로 치부하기에는 골이 너무 깊어졌다. 집단적 분노를 표출하는 방식이 노골화되는 경향도 있다. 그런 사회적 심리상태를 진중하게 진단할 필요가 있다.

평화공존으로 진행시키는 주된 행위자는 물론 정부다. 그러나 유일한 행위자는 아니다. 관용과 화해 담론을 정부가 주도하기는 사실 쉽지 않다. 따라서 사회단체들의 역할과 비전이 중요하다. 정부의 구상과 협력적 거버넌스를 만드는 일도 중요하지만, 다양한 방식을 통해 사회적 합의 구조를 만드는 과정에도 역할이 있다. 그중에서 종교 단체들의 역할에 주목할 필요가 있다. 대부분의 종교 단체들은 '사랑', '생명', '화해', '배려', '관용'의 보편적 가치를 신앙의 원리로 삼는다. 이들 종교 단체들이 주도하여 적대감 해소의 프로젝트를 실천할 필요가 있다.

관용과 화해의 사회 원리를 깊이 성찰해 봐야 한다. 관용 담론은 '다양성' 원리를 내재화하는 과정에도 필수적이다. 타인과 의견이 다르다고 쉽게 적대시하는 행동은 관용 결핍의 사회적 현상들이다. 수용하면서 누그러뜨리는 과정이 중요하다. 화해란 무조건 '용서'의 결론을 서두르는 것을 의미하지는 않는다. 과거를 함께 같은 시선으로 되돌아보자는 합의가 화해의 출발이다. 과거 성찰의 공감대에서 출발하는 화해 과정의 마지막 단계가 용서다. 화해의 시대정신을 구상하고 실천하는 행위자로서 종교단체와 시민단체, 학계, 사상가, 문화 산업 종사자들이 주된 역할을 해야 한다. 정부가 관용과 화해의 프로젝트를 위해 사회적 공감대를 형성해 나가는 과정에 공적 책임을 가지고 있다는 것은 두말할 나위가 없다.

생각의 폭을 넓히는 일: 평화, 공존, 그리고 통일

고정된 생각은 단순화된 전제에서 비롯되는 경우가 있다. 한반도 평화 공존 구상과 관련하여 다시 생각해 볼 낯익은 단어들이 있다. 우선, 평화의 개념에 관한 것이다. 평화라는 단어가 소비되는 형식은 다양하고 광범위하다. 이론적으로나 정책 현장에서도 매우 복합적인 면모를 보인다. 그런데 한국 사회에서 평화의 개념을 다소 협의적으로 해석해 온 경향이 없지 않다. 즉, 평화를 안보로 국한시켰고, 그것도 군사안보를 통한 안보 추구의 방식을 거의 유일한 대안처럼 간주해 왔던 경향이 있다. '평화를 원하면 전쟁을 준비하라'는 경구警句를 불변의 신념으로 삼았던 시대의 유산처럼 보인다. 대립의 냉전기를 지나면서 군사안보를 통한 평화 추구 방식에 익숙해져 왔다.

'군사적 안보를 통한 방법이 유일하다'라고 간주해 왔던 생각들을 확장할 필요가 있다. 익숙하다고 해서 유일한 방법은 아니다. 심지어 평화와 안보를 분리하여 인식하는 경향도 없지 않았다. 이를테면 '평화는 안보에 비해 유약한 접근법'이라는 선입견도 군사안보 중심의 냉전기 인식체계의 유산처럼 보인다. 그렇다고 자강론, 억제전략, 동맹 등의 군사안보 접근법이 평화에 무용하다는 뜻이 아니다. 평화 접근법의 렌즈를 좁혀두지 말자는 것에 초점이 있다. 국방력을 강화하는 방안을 포함해서 예방 외교를 강화하는 일, 시장에서 이익을 나누어 군사적 긴장도를 낮추는 일, 긴장이 불필요할 정도의 갈등으로 확장되는 것을 방지하는 일 등이 모두 평화 추구의 접근법이다. 복합적이고 혼재되어 있다는 말은 그런 의미다. '전제의 단순화'를 해체하는 지적 작업이 우선 필요하다. 평화는 안보를 포함하는 포괄적, 상위적 개념이라는 것이 중론이다. 평화공존의 사회적 공감대 형성과 확산은 이러한 작업을 통해 비로소 가능해질 것이다.

평화는 모두를 위한, 모두가 함께하는 평화여야 한다. 정부 외의 행위자도 평화 구축의 주체가 될 수 있다. 평화공존의 남북한 영역에서 종교단체와 시민단체의 역할은 특히 남북한 간 사회문화적 신뢰 구축을 위한 과정에서 매우 중요하다. 남북한 사이에 확장되어야 할 대화, 소통, 협력은 정부 간 정치적 합의와 결정도 필요하지만, 그것이 유일한 통로는 아니다. 평화공존 질서 구축을 위한 사회문화적 프로젝트로는 (남북한 간 영역에서) 민족동질성 회복, 문화 교류, 이산가족 상봉, 인도주의 지원, 스포츠 교류와 코리아 단일팀, 국제 스포츠 대회 공동 개최 등이 있을 수 있다. 비무장 지대의 평화공원 사업도 사회문화 영역의 공감대 없이는 불가능하다. 남북 경제협력과 북한 개발 사업, 북한 관광 활성화 사업을 비롯한 경제적 신뢰 구축 과정에도 기업의 참여는 물론, 사회적 공감대가 병행되어야 한다.

분단과 통일, 공존에 대해서도 생각해 볼 공간이 있다. 개념상 '통일'을 분단과 이항대립적 관계로 해석하는 인식 경향이 없지 않다. 분단을 극복하면 바로 통일이라는 해석은 전혀 터무니없는 논법은 아니지만, 분단과 통일을 연속성의 과정으로 간주할 필요도 있다. 북한 붕괴론 등의 급속한 통일 시나리오가 아니라면 한반도 정치 상황의 변동경로는 '분단 → 공존 (적대적 공존 → 평화적 공존) → 통일'이라는 과정으로 보는 것이 더 현실에 부합된다. 통일을 당위론의 영역으로 남겨두되 시간을 두고 여러 장애 요인들을 해결하면서 넘어가겠다는 현실적 시선으로 접근해야 한다. 통일을 현실적 시선으로 접근한다는 것은 '이익과 비용에 대한 판단', 그리고 '과정'으로 인식 층위를 내려야 한다는 뜻이기도 하다. 통일 담론을 상징성에서 실천 가능성으로 변화해서 보자는 의미이기도 하다. 남북한의 평화적 공존은 통일 과정의 한 부분으로 봐야 한다. 그렇게 해야 과정상의 담론으로 '평화'가 비로소 부각될 수 있을 것이다.

초당적 협력

정권이 바뀔 때마다 대북전략의 일관성이 실종된다고 비판하는 사람들이 많다. 북한은 단일 성격의 정권으로 70년 이상 지속하고 있는데 우리는 5년마다 정권이 바뀌는 바람에 대북정책에 일관성을 유지할 수 없다고 볼멘소리를 하곤 한다. 상호작용의 전략적 관점에서 볼 때 우리가 북한에 비해 불리해지는 구조라는 우려도 숨어 있다. 일면 틀린 이야기는 아니다. 그러나 이 문제를 다른 각도에서 바라볼 필요도 있다. 일관된 전략은 하나의 원칙에 의해 의연하게 대응한다는 장점은 있겠으나 자칫 경직화의 위험성이 있고 매너리즘으로 빠질 위험이 있다. 반면, 5년마다 새로운 구상을 발표하는 한국 측이 한반도 미래에 관한 더 창의적인 발신자가 된다는 추론도 가능하다. 일관성과 의연함은 현상 유지의 메커니즘으로 작동하고 창의적 아이디어의 발신은 현상 변경의 동력이 되기도 한다.

전략적 '지속성', '일관성'이 필요하다고 주장하는 사람들도 생각들이 다 다르다. 한국의 대북전략 지속성을 주장하는 사람들도 어떤 방향을 지향하는 지속성이어야 할지에 대해서는 생각들이 나뉘어 있는 것처럼 보인다. 형식이 아니라 전략의 구성 내용일지도 모른다. 보수는 보수대로, 진보는 진보대로 지속시켜야 할 전략 콘텐츠가 다르다. 그러니 자신의 편의대로 지속성과 일관성의 필요성을 해석하고 그런 선호도를 반영하고 싶어 한다.

사회 일각에서는 대북정책 지속성을 위해서 초당적^{bipartisan} 협력을 주문하기도 한다. 이 또한 원론적 관점에서 틀린 이야기는 아니다. 통합된 의견, 결연한 의지를 표명하는 방식으로 초당적 협력이 자주 등장한다. 특정 외교적 이슈를 대해서는 '국회 결의안'이라는 이름으로 간혹 성공을 거두기도 한다. 사회적 공감대를 드러내는 또 하나의 형식이기도 하다. 그런데 유독 한반도 평화적 관리의 전략에 대해서는 초당적 협력이 어려운 과제로 남아 있다. 따라서 대북정책에 대해 초당적 협력이 왜 어려운 과제가 되었는지 비판적으로 성찰할 필요도 있다. 이는 정당이 사회적 균열 구조를 어떤 방식으로 반영하느냐의 문제와 깊은 관련이 있어 보인다. 대부분의 나라에서는 정당 체계$^{political\ party\ system}$가 사회적 균열 구조를 반영한다. 영국의 보수당-노동당 정당 체계가 그러하고, 미국의 공화당-민주당 구분이 그렇다. 그런데 정당이 이념적 갈등 구조를 증폭시켜 재생산하려는 정치적 이익에 몰두하게 되면 초당적 협력 자체가 참으로 어렵게 된다. 요컨대 남남

갈등 현상을 정파적 이익으로 활용하면 할수록 사회적 균열 구조는 더 깊어지고 거기에 따라 초당적 협력은 더 난감한 과제가 되어버린다. 그것이 지금까지 한국 정치사회에 진행되어왔던 갈등과 대립의 재생산 메커니즘의 일부다.

초당적 협력을 추진하려 할 때 정당의 정치적 판단에만 맡기면 곧 한계에 봉착한다. 정파적 이익을 압도할 수 있는 다른 층위와 다른 종류의 이익, 즉 경제적 이익이나 사회적 이익, 혹은 국민적 이익$^{national\ interests}$이 생겨나면 초당적 협력이 비로소 가능해질 것이다. 그 단계에 이르면 적대감 해소가 필요하다는 사회적 공감대도 가능해질 것이다. 분단 문제에 대한 시장론적 (혹은 이익론적) 접근이라는 제3의 시각이 필요하다는 뜻이다. 국가 중심 시각과 민족 중심 시각만으로 분단과 북한을 볼 것이 아니라 우리 경제의 이익, 시장 확장의 새로운 공간으로서 한반도 정체를 봐야 할 필요가 있다. 시장에서 이익의 공유는 안보 민감성을 낮춘다. 경제적 이익의 상호의존적 결합은 적대적 대립을 무용하게 만든다. 새로운 시장체제로 북한을 편입시키면 한국 경제가 새로운 도약의 중요한 기회를 만들 수 있다. 북한과의 시장 공유 없이는 한반도 남쪽을 '섬'의 운명으로 계속 남게 할 뿐이다.

한반도 평화의 세계사적 의미

6·25전쟁을 종식하고 한반도 평화공존 시대를 열어가는 시대적 필요성에 대한 국제사회의 관심과 지지가 필요하다. 한반도의 정치적 공간에서 적대적 공존을 평화공존 양식으로 전환하여 궁극적으로 냉전 종식의 단계에 이르게 하는 일은 한반도 분단사의 시각, 민족사나 한국 현대사적 의미만 있는 것은 아니다. 사실, 한반도에서 냉전 구조의 해체는 세계사적 의미

가 있다. 냉전은 20세기 중반 세계 정치 무대에 등장한 독특한 양식의 시대 현상이었다. 2차대전을 함께 치르면서 연합국의 일원이었던 두 초강대국, 미국과 소련은 2차대전 직후부터 대립 구도를 만들었고 총성 없는 전쟁을 시작했던 것이다. 정치적 대립은 이념적 대립으로 증폭되었고 전 세계적 영역에서 군사적 대립으로 확장되었다. 그 주요 대립 전선$^{front\,line}$이 유럽에서는 독일과 베를린, 동남아시아에서는 베트남과 인도차이나반도, 그리고 동북아 지역에서는 한반도였다. 1950년 발발했던 6·25전쟁이 두 진영 간 대립을 결정적으로 고착화하는 기폭제가 된 사건이었다는 것은 널리 알려진 사실이다.

그랬던 냉전의 세계사는 1989년 베를린 장벽이 무너지면서 종언을 고하기 시작했다. 미국과 소련의 양국 정상은 그해 12월 몰타^{Malta}에서 회담을 가졌고 냉전체제에서 새로운 협력 시대로 접어들었다는 사실을 공표했다. 냉전사를 흔히들 '얄타에서 몰타까지$^{From\,Yalta\,to\,Malta}$'라고 상징적으로 부르는 것도 그런 배경이다. 곧이어 소비에트 연방이 해체되었고 동구권 사회주의 국가들도 체제 전환을 시작했다. 세계 정치는 탈냉전$^{post-Cold\,War}$ 시대로 진입했다고 묘사되었다. 그러나 한반도에는 여전히 냉전의 유산이 망령처럼 배회하고 있다. 이 공간에서 냉전이 종식되면 다음 세대의 세계사 교과서에는 '2차대전 종전 직후 시작되었던 냉전의 세계사는 1980년대 후반 베를린과 몰타에서 일차적으로 변화하기 시작하여, 모년 모월 한반도에서 완전히 종식되었다'라고 기록될 것이다.

한반도에서 냉전의 종식은 동북아 지역사에서도 의미를 가진다. 한반도에서 냉전의 산물이었던 6·25전쟁을 끝내고 냉전 구도를 해체하는 것은 동북아에서 두 개의 전쟁을 완결하는 것이다. 하나는 말할 것도 없이 한국

전쟁이다. 거기에 더하여 한반도 냉전 종식은 동북아에서 태평양전쟁을 최종적으로 완결한다는 의미도 있다. 태평양전쟁은 냉전이라는 환경 때문에 완전하지 못한 평화조약으로 봉합되었다. 샌프란시스코 평화조약이 그것이었다. 소위 샌프란시스코 체제는 전쟁 당사국이었던 소련이 비준을 거부했고, 전쟁 피해자였던 중국(중화인민공화국과 중화민국), 한국과 북한은 분열되었다는 이유로 초대받지 못했다. 일본은 샌프란시스코 조약으로 주권을 회복했으나 불완전했다. 일본에게 전후처리라는 이름의 고민을 남긴 것도 태평양전쟁을 종식하는 방식이 꼬여 버렸기 때문이다. 냉전이라는 환경이 주된 요인이었다. 한반도에서 평화공존 양식이 정착되어 평화협정과 북미, 북일 수교로 진행되면 일본으로서도 전후처리의 미완 과제 하나를 해결하는 것이다. 이처럼 한반도에서 냉전의 종식은 6·25전쟁과 태평양전쟁이라는 두 개의 오랜 전쟁을 비로소 완결한다는 지역사적 의미도 주어져 있다.

세계인들로 하여금 한반도에서 진행되는 평화로의 대전환에 관심을 갖게 만들어야 한다. 대립의 시대에서 평화의 시대의 문을 연다는 시대적 의미가 있기 때문이다. 한반도는 근대 동북아 역사에서 가장 큰 희생을 강요당한 정치적 공간이었다. 희생을 강요당한 측은 새로운 평화와 새로운 희망을 제안할 수 있는 도덕적 정당성이 부여되어 있다. 한반도 평화가 동북아 지역평화를 견인해 간다는 구상은 대립과 증오가 일상이었던 동북아 근현대사를 극복해야 한다는 시대 성찰의 정당성에 기반하고 있다는 점을 적극적으로 발신해야 한다. 거기에 더하여 적대적 분단이 아니라 평화적 공존을 통해 관련국들에게 더 많은 이익을 창출할 수 있음도 평화공존의 주된 논변이어야 한다.

따라서 외국 정부와 국제기구들의 한반도 평화에 대한 외교적 지지는 매우 중요하다. 한반도 평화 체제에 대한 국제적 보증^{endorsement}도 필요한 과정의 하나다. 이를 위한 공공외교도 더 확대해야 한다. 그러나 그것만으로는 충분하지 않다. 국제사회의 많은 비非정부행위자들의 도덕적 지지가 있어야 성공할 수 있다. 국제적 연대와 평화에 대한 공감대 형성이 병행되어야 한반도 평화공존은 비로소 의미 있는 실천성을 가지게 될 것이다.

한반도의 딜레마

"남북이 공동으로 처한 딜레마는 국제정치 영역과 남북관계 영역을 어떻게 결합하느냐에 달린 딜레마다."

매년 한 해가 시작되는 지점에서는 전망과 예측은 물론, 희망과 설계가 넘쳐난다. 전망이란 '어떤 일이 벌어질까?'의 질문이지만, 희망과 설계란 '무엇을 해야 하나?'라는 전략에 관한 질문을 담고 있다.

한반도 상공의 정치지형은 두 가지 영역의 동력이 상호작용하면서 조형된다. 하나는 국제정치 영역 inter-national dimension이며, 다른 하나는 남북한 영역 intra-national dimension이다. 분단된 한반도의 지정학적 조건 때문에 생겨난 필연적 상관관계다. 국제정치 영역은 미중, 미일, 북중, 한미관계 등이 전개되는 영역이다. 한반도 분단사의 주요 지점들은 국제정치 영역의 결정들이 주도해왔다. 분단의 개시, 유지, 강화 등의 국면이 그랬다. 그에 비해 남북한 관계는 상대적으로 위축되어 있었다. 2018년 '한반도의 봄' 직후 전개되었던 현상은 상당히 예외적이었고 그래서 역사적이면서 극적이었다. 그때는 남북한의 정치적 결정이 국제정치 영역을 견인해 갔다.

미중 대립의 시대와 한반도

한반도에 영향을 미치는 국제정치 영역에서 우선 고려해야 하는 요인은 미중관계다. 그들 양국의 상호인식과 전략경쟁의 구도, 그리고 그들이 한반도 문제를 인식하고 처리하려는 방식이 한반도 정치 기상도를 만들어 낼 것이다. 미국에서 중국에 대해서 가지는 위협인식에는 민주당, 공화당이 따로 없다. 키신저 패러다임, 즉 협력 가능성을 열어두는 경쟁 담론은 워싱턴 정가에서 거의 실종되다시피 했다. 바이든의 미국은 트럼프 시대처럼 무모하고 거칠게 중국을 다루지는 않을 것이다. 그러나 미국 대중大衆들이 가지는 두려움과 배타성은 이미 정책으로 통제 가능한 수준을 넘어섰다. 대립의 전략이 여론을 촉발했으나 이제는 전략조차 험해진 여론을 통제하기 어렵게 되었다.

중국은 트럼프 시대를 지나면서 2012년 이래의 신형대국 담론에서 한 발쯤 뺀 듯 보인다. 중국도 미국과의 대결에서 위기감이 짙어지고 있다. 의연하고 당당하게 맞불을 놓고 싶으나 당분간 정면 대결은 피하고 싶어 한다. 그러나 전략경쟁 자체를 포기하기는 어려울 것이다. 스스로의 목표도 사회주의 강국 건설을 지향하는 것으로 설정해두었다. 미중 전략경쟁은 한편으로는 가치와 이념 차이처럼 보이나, 본질은 공급망 경쟁이고, 더 많은 이익을 확보하기 위한 기술패권 경쟁이다.

미국과 중국에게 한반도는 무엇일까? 대립과 경쟁 담론을 염두에 둔다면 한반도는 공히 최전선이다. 장기판 승부에 영향을 미치는 매우 중요한 졸卒이기도 하고, 완충지대이기도 하다. 바이든 외교정책 골격은 동맹, 민주주의, 다자주의의 원리로 읽힌다. 쿼드Quad와 오커스AUKUS를 간판에 걸고 중국을 압박할 모양새다. 중국 견제를 염두에 둔 미국의 동아시아전략에서 한국은 일본과 더불어 동맹전략의 핵심 파트너다. 동맹을 중시한다고 했으니 한국의 의사를 고려하고 반영할 것이다. 그러나 자국 이익의 범위 내에서 한국에 대한 영향력을 유지하려는 의도는 변하지 않을 것이다.

중국에게 한반도는 예나 지금이나 '입술과 이빨'의 관계다. 민감성이 높다는 의미다. 북한을 중국 안보의 완충지대로 간주해왔던 종래의 인식은 그대로 남을 것이다. 오랜 지정학적 판단 때문이다. 한국이 미국과 동맹을 유지하는 것에 대해서는 '구舊시대 유물'이라고 비판하고는 있으나 동맹은 한국의 주권 사안이라 중국이 더이상 문제 삼고 싶어도 그러기는 어려울 것이다. 미중 경쟁 구도에서 한국을 서로 자국 편으로 더 밀착시키고 싶어 한다는 점은 널리 알려져 있다. 다만, 그 과정에서 중국은 소위 '당근과 채찍' 카드를 자주 만지작거리고 싶어 할 것이다. 대국의 소국 관리 방식이라는 오랜 인식에 뿌리는 두고 있는 듯 보인다. 그것에 비하면 미국의 대북 접근은 중국만큼 유동적이지 않다. '제재 만능론'이라는 근본주의 함정에서 애써 빠져나오려 하지 않는다. 이런 상황이면 북한으로서는 대중 경사傾斜 외에 다른 대안을 가지기 힘들게 될 것이다. 북한과 중국 사이에 존재하는 미묘한 이격離隔을 미국은 모르는 채 일관한다. 북한문제에 관한 한 미국의 전략적 상상력은 빈곤해 보인다. 워싱턴에서 이전 시대 키신저와 같은 대전략가의 면모를 갖춘 한반도 전문가를 찾기는 어렵다. 워싱턴의 정책결정자들은 물론, 수많은 싱크탱크의 전문가들도 심리적 요인, 감성적 요인, 무오류의 자국 중심적 인식 등 다양한 요인들에 의해 전략적 상상력이 제한된 것처럼 보인다. 우려스러운 점은 미국과 중국, 두 국가 모두에게 공통된 인식은 한반도를 여전히 '분리하여 관리*divide-and-rule*'하려는 방식에서 벗어나려 않으려 한다는 사실이다.

2장. 한반도 평화 디자이닝

바이든 행정부의 대북전략은 외교 영역에서 우선순위가 높지 않다. 더욱이 북한 악마론 이미지는 여간해서 바뀌기가 어려울 정도로 착근되어 있다. 그런 심리상태에서 한반도 평화공존 논제나 종전선언처럼 국면 전환의 시도에 대해서는 피로감부터 드러낸다. 외교적 대화를 통한 북한 핵 문제 해결이라는 원칙은 설정했으나 얼마나 실행력을 가질 수는 미지수다. 그러나 소위 압박론자들의 목소리는 여전하다. 소위 리비아 모델로 불리는 선^{先}핵폐기와 후^{後}보상의 전략이다. 안정적 관리론의 주장도 있다. 조건부적 대응전략$^{tit\text{-}for\text{-}tat}$, 혹은 현상유지 전략이다. 적대적 무관심의 기간이 길어지면 오바마 시기 '전략적 인내 시즌2'가 될 가능성이 높다.

남북한의 딜레마

북한은 2021년 초 8차 당 대회를 통해 자력갱생과 정면 돌파 의지를 재확인하였다. 2019년 12월 전원회의에서 결정했던 노선을 당분간 지속할 가능성이 높아 보인다. 강대강, 선대선이라는 원칙도 선포했으나 자력갱생이라는 근본주의 함정에 빠져있다. 의연한 듯 보이는 원칙 뒤에 초조함도 읽힌다. 문제는 경제다. 김정은 총비서가 자인했듯이 김정은 집권 10년 동안 후반기 5년은 경제적 난제들이 가중되었던 기간이었다. 발전 목표에도 '엄청나게 미달'했다고 시인하기도 했다. 지속되는 제재의 국제환경, 수해, 코로나 등의 요인으로 경제침체를 벗어나기 힘들어 보인다. 인민들 지지를 읍소하여 결집시키려 하지만, 얼마나 내구력을 가지는가가 관건이다.

북한의 딜레마는 여기에 있다. 생존을 위해서 핵 능력을 강화한다고 주장하지만, 그럴수록 생존 내구력은 더욱 취약해진다. 내구력이 저하하고 핵 능력의 위협성이 증가하는 두 곡선의 교차점에 이르기까지 자신들의 논리를 수정하기는 힘들어 보인다. 최대한 버티기 위해서라도 대중, 대러 외교를 강화할 것이다. 한국과의 협력을 통한 해법 강구는 자신들의 경직된 논리적 틀 안에 사장^{死藏}시키고 있다. 되레 한국에게 경색의 책임을 묻고 있다. 남측이 근본적 문제보다는 보건협력, 인도주의적 협력 등 '비^{非}본질적 문제'에만 매달리고 있다며, 근본 문제 해결을 다그쳤다. 조건부 대응 방식을 일방적으로 제시하고 강요하고 있다.

딜레마 구도에 빠져있기는 우리도 마찬가지다. 한반도 평화를 지향하는 당위성은 시대적 소명이었다. 개념과 논리도 시의적절했다. 핵심은 공존이다. 적대적 공존이 아니라 평화적 공존이다. 그런 평화공존의 환경을 안정적으로 유지하게 되면 북한 비핵화 및 안전보장과 북미관계 정상화, 평화체제의 조건들이 만들어질 것이라는 논리다. 비핵화를 입구에 두는 것이 아니라 평화공존의 환경 속에서 단계적 해법을 찾아가며 성취해 내자는 것이었다. 그것이 '평화를 통한 비핵화'의 방식이다. 평화공존이 비핵화 과정을 가속화할 수 있다는 논리다. 그런 전환기 환경 속에서 평화공존의 착근^{着根}을 위해 대북 인도주의적 지원, 철도사업, 관광, 방역 협력 등을 추진하겠다는 뜻이었다. 따라서 한반도 평화는 평화유지(억제전략), 평화조성(군비 통제), 그리고 평화구축(경제협력과 시장 이익의 공유) 등으로 개념화했고 그 결합 전략을 구상하고 있었다.

한반도 평화구상의 개념과 방향은 시대정신과 부합한다. 그러나 실천의 수순에서 한국은 늘 딜레마에 봉착한다. 한반도 분단관리전략에서 한국에게 부여된 이원성의 딜레마, 균형의 딜레마. 우리의 구상을 실천하기 위해 국제적 공조를 중시할 것인가 아니면 남북한 영역의 자율성을 더 확대할 것인가의 선택에 직면한다. 일각에서는 한미동맹이 다소 소란스러워지

더라도 남북관계 개선을 우선 돌파해 나가야 한다는 사람들도 있고, 혹시 그런 수순으로 진행하다가 친북 정권으로 오해받고 한미동맹이 흔들릴까 봐 걱정하는 사람들도 있다. 냉전의 유산이 여전히 남아 있는 한국 사회에서 '친북' 혹은 '종북'의 주홍글씨는 정치적 의도 여부와 관계없이 치명적이다. 그렇다고 미국과의 정책 공조만을 유일한 통로로 전제하게 되면 친미親美 사대주의라는 비난에 직면하게 된다. 북한을 움직일 수 있는 대안도 제한받는다. 한반도 관리 책임이 한국에게 있으니 우리의 의지대로 돌파할 것인지, 국제적 공조라는 수순을 밟아 갈 것인지가 늘 딜레마다. 한반도 문제의 이원적 구조, 즉 남북한 관계 영역과 국제정치적 영역 사이에서 어떤 균형점을 모색할 것인지의 질문에서 비롯되는 딜레마다. 목표는 냉전 구도 극복에 있으나 실천 순서의 선택은 냉전 구도에 포박되어있는 근본적 딜레마이기도 하다.

결국, 남북이 공동으로 처한 딜레마는 국제정치 영역과 남북관계 영역을 어떻게 결합하느냐에 달린 딜레마다. 한반도의 미래를 생각한다면 해답은 윤곽이 대략 정해져 있다. 국제정치와 남북관계 영역 사이에 선순환 구도를 만들어야 한다는 것이다. 악순환 삼각구도로 회귀해서는 해법이 없다는 뜻이다. 대화와 설득, 이 두 가지 방법을 통해 이익 공유 범위를 끊임없이 확인하는 지혜라야 남북한 공히 딜레마를 풀어낼 수 있을 것이다. 그것이 매년 초, 전망이라는 제목 아래 숨겨둔 희망이기도 하다.

"2021년 한반도의 정세 기상도" 『코리아 리포트』 7호 (포스텍평화연구소, 2021)를 고쳐 쓴 글이다.

북한의 근원적 문제
선해결 주장에 대한 유감(遺憾)

"남북한 상호작용을 연결하는 통로에는 하나의 트랙이 아니라
두 개, 혹은 그 이상의 트랙이 있어야 한다."

2021년 새해 벽두, 북한 노동당 8차 대회에서 발표된 문건의 표현 몇 군데가 시선을 사로잡았다. 노동신문 보도에 의하면 노동당 중앙위원회 제7기 사업 총화 보고에서 김정은 총비서는 남북관계를 '근본문제'부터 풀어야 한다고 주장하면서 남측이 '비본질적인' 문제에만 관심이 있다고 진단했다. 소위 '근본문제'라는 것이 무엇인지 구체적으로 명시하지는 않았으나 '군사적 적대행위', '첨단 군사장비 반입', '합동군사연습' 등의 단어들을 언급한 것으로 미루어 볼 때, 안보와 관련된 사안을 '근본문제'로 인식하고 있는 듯 보인다. 반면, '방역협력', '인도주의적 협력', '개별관광' 등을 '비본질적 문제'로 간주하고 있다. 아울러 남북관계 회복을 위해 남측이 우선적으로 '근원적 문제'를 제거할 것을 요구하면서, 북한은 우리가 '움직이는 만큼' 대응하겠다며 공을 우리 측에 넘겼다.

2021년 초에 드러난 북한의 인식과 해법의 제안에서 두 가지를 따져봐야 한다. 하나는 '근본문제'(혹은 본질적 문제)와 '비본질적 문제'의 이원적 구분에 내재된 그들의 인식이다. 다른 하나는 행동의 선후 관계에 대한 그들의 일방주의적 인식문제다.

우선, 본질(근원)과 비본질의 개념 구분에 쉽게 동의하기는 어렵다. 사안을 정치 안보 영역과 경제사회문화 영역으로 구분하는 이분법은 국제정치 이슈를 수직적으로 구분했던 구舊시대 국제정치관에 다름 아니다. 이른바 고위정치high politics와 저위정치low politics의 구분법이다. 냉전기 국제정치 독해가 그런 식이었다. 현시점에서 그런 수직적 구분이 적절한지 의문스럽다. 더욱이 두 행위자 간의 관계에서 무엇이 본질(근원)이고 다른 무엇이 비본질인지 규정하는 일은 극히 논쟁적이다. 구분의 해석은 주관적인 인식영역이기 때문이다.

그런 비판적 논점도 일단 차치해두자. 그러나 남북관계에 대한 진단과 해석이 그렇다고 해법조차 그래야 하는가는 다른 문제다. 본질적 문제를 해결하면 모든 것이 해결될 것이라는 전제는 '한방주의' 해법처럼 보인다. 세상의 숱한 복잡한 문제들이 그렇게 '한방주의' 해법으로 다 해결된다면 얼마나 좋겠냐마는 인간사이건 국가 간 문제이건 문제 해결의 방식이란 것이 이론만큼 그렇게 수월하지는 않다. '쇠뿔도 단김에 빼라'는 속담도 있지만 속담처럼 단순한 현실은 찾기 힘들다.

본질적 문제를 일시에 해결하여 해법을 강구하려는 심리에는 절차와 과정을 건너뛰고 싶은 성급함이 읽힌다. 본질적 문제를 단숨에 풀어낼 수 있다 하더라도 현실 속에 오랜 시간 축적되어온 복합적 갈등 구조가 자동적으로 해결된다는 보장은 없다. 비유하자면, 이 세상 모든 폭력과 전쟁의 원인이 무장武裝 armament이라고 해석하고, 평화를 위해선 일시에 무기를 내려놓는 비무장만이 유일한 해법이라고 강변하는 것과 같다. 그런 류의 주장이 갖는 도덕적 타당성에 공감하는 사람들조차도 성급한 해법의 현실적 위험성을 우려한다. 그래서 현실적 복잡성을 고려하면서 점진주의 해법을 선택하는 경우가 정치 현장에 자주 등장한다. 군축 혹은 군비 철폐는 인류가 언젠가 이루어야 하는 목표겠지만, 그렇게 실현될 수 있는 조건을 만들기 위해 군비 통제$^{arms\ control}$라는 현실주의 해법을 과정적 수순으로 포함시키려는 것이다.

다른 하나, 본질적 문제 해결을 통한 해법에는 소위 '입구론^{入口論}'의 위험성이 있다. 특정한 의제를 일종의 선결조건으로 두려는 것이 입구론이다. 국가 간 외교관계에서 입구론의 접근은 어느 한 편의 결연한 태도를 보여주는 효과는 있겠으나, 그러한 도덕적 우월성은 때로는 관계 경직성이라는 부담이 되어 돌아온다. 남북관계에도 그런 경험이 있다. '핵 문제가 우선 해결되지 않으면 다른 어떤 것도 해결하기 힘들다'는 식으로 비핵화 간판을 입구에 세워두었던 적도 있었다. 그러나 수십 년 걸렸던 북한 핵 문제가 그렇게 결연한 선언 하나를 '입구'에 세워둔다고 해결책을 찾았던가? 되레 그 기간 동안 남북대화는 단절되었고, 같은 기간 북한은 핵무기 고도화에 박차를 가했다. 본질적 문제가 해결되지 않으면 다른 어떤 해법도 불가능하다고 간주하는 것에서 현시점 북한의 인식적 경직성이 예견되고도 남는다. 그래서 걱정이다.

남북한 상호작용을 연결하는 통로에는 하나의 트랙이 아니라 두 개, 혹은 그 이상의 트랙이 있어야 한다. 비핵화, 안전보장 문제가 하나의 트랙이라면, 인도주의 접근, 가능한 범위 내의 남북협력 등의 의제가 또 다른 트랙 위에 놓여있다. 북한식으로 말하자면 후자는 소위 '비본질적' 문제들이다. 두 개의 트랙은 필연적으로 상호작용하도록 되어 있다. 의제의 진행 속도와 범위는 서로 영향을 주고받을 수밖에 없다. '비본질적' 의제들이 성과를 낸다면 '본질적' 사안의 해결에도 영향을 미친다. 해법 모색의 환경이 조성되기 때문이다. 전후 유럽이 그런 길을 걸었다. 오랜 전쟁을 치르고 갈등이 켜켜이 쌓여 있었던 그 지역에서 경제적 이익의 교환, 신뢰의 구축을 시전始展했던 것이다. 그리고 정치적 통합이라는 성공을 거뒀다. 유럽의 경험이 한반도에 꼭 같이 적용된다는 법은 없다. 그러나 되새겨야 할 교훈은 있다. 남북한 간 문제와 해법을 단순 구조화시켜 강요할 것이 아니라, 두 개의 트랙 사이에 놓인 순기능적 상호작용을, 그리고 점진주의 해법의 지혜를 다시 진지하게 생각해봐야 한다.

북한은 2018년 이후 우리에게 '일방적 선의'를 보였다고 주장한다. 그것도 따져봐야 할 일이다. 자신의 행동을 불필요하게 으스대거나 과대포장 환상에 사로잡힌 것처럼 들린다. 그것도 그렇다 치자. 그러나 문제는 그것과 이어져 나타난 인식이다. 지금부터는 남측이 움직인 만큼 '상대'하겠다는 조건부적 대응방식tit-for-tat을 해법으로 제안한 점이다. 의아스러운 것은 소위 '동시행동론' 원칙을 끈질기게 요구해 왔던 나라가 북한이라는 사실이다. 그간 북미대화 과정에서 북한의 선제행동을 요구했던 미국에 대해 북한이 내놓았던 논리가 '동시행동론'이었다. 선제행동의 요구가 '일방주의'라 비판하고 그것에 대응했던 논리가 '동시행동론' 아니었던가? 그러므로 현시점 남측이 한만큼 움직이겠다는 지금 북한의 논리는 우리에게 또 다른 버전의 '일방주의'처럼 들린다. 북한의 인식에 드러나 보이는 이중잣대, 그 모순이 주는 괴리감이 당혹스럽다.

북한으로서는 하노이 회담이 결렬된 후 남북관계가 자신의 희망대로 진행되지 않아서 서운한 심정이 없지 않을 것이다. 그러나 2021년 현 지점에서 남북관계를 풀 수 있는 해법을 남측 선행동의 요구, 본질적 사안 해결의 입구론, 조건부 대응방식에 숨겨둔 일방주의 등으로 단순 구조화시켜 주장한다면, 경직된 관계를 지속시키겠다는 의도 외에는 다른 어떤 것도 읽기 힘들다.

지금은 남북한이 적대적 공존이 아니라 평화적 공존을 모색해야 할 시대다. 논리와 해법의 일방적인 강제가 아니라 대화 속에서 해법을 함께 모색해야 한다. 어떤 무거운 의제를 입구에 두는 것이 아니라 평화공존의 환경 속에서 단계적 해법의 절차를 밟아가며 성취해 내는 것이 중요하다. 그 전환기적 환경 속에서 평화공존의 착근^{着根}을 위해 대북 인도주의적 지원, 철도사업, 관광, 방역협력 등 소위 '비본질적' 해법을 폄훼할 어떤 이유도 찾기 힘들다. 이것을 본질(근원)과 비본질의 범주로 구분할 일은 아니다. 본질적 문제의 우선적 해결이라는 것이 유일한 방법이라고 선언할 일도 아니다. 이는 한반도 미래를 위한 지혜의 문제다.

같은 제목으로 「전략노트」 1호 (이기동 공저, 국가안보전략연구원, 2021.1.18.)에 게재한 글이다.

국가는 왜 움직이지 않는가?
: 교착상태(stalemate)의 정치학

"이익론으로의 전략 패러다임 변화를 주도하려면
한국 전략가들의 상상력과 창의력이 그 토대가 되어야 한다."

한반도 평화구상은 2019년 2월 하노이 노딜 이후 동력이 거의 정지되다시피 했다. 2018년, 한국 주도로 세팅된 평화 프로세스는 북미협상을 '우선' 중심에 놓고 전개되어 왔다. 핵확산 문제는 미국 주도 세계 질서에 관한 문제이기도 했고, 북한 또한 미국과 핵 문제를 논의하겠다는 태도를 견지해 왔기 때문이었다. 지난 30년간 가장 어려운 문제가 북미협상이었다. 그러나 한반도 비핵화를 달성하기 위해 북미협상 타결이 가장 어려운 단계라는 뜻일 뿐, 평화 프로세스의 전부는 물론 아니다. 평화와 비핵화가 밀접하게 관련되어 있지만, '비핵화를 통한 평화^{peace through denuclearization}'만이 유일한 방식도 물론 아니다. 한반도 평화의 주된 관리자는 여전히 한국이어야 한다. 한반도 운전자론도 그런 취지에서 제안되었고, 그런 방식으로 진행되어야 한다.

교착상태의 분석적 해부

교착상태는 '대립의 유지'와는 또 다른 의미다. 뭔가 변화를 추구하다가 동력이 멈춰있는 상태가 교착상태다. 주춤거리고 있는 평화 프로세스를 바라보며 '북한과 미국은 왜 멈춰 서 있는가'의 질문은 당연하고 자연스럽다. 이름하여 '교착상태의 정치학 politics of stalemate'은 교착 구조의 원인을 규명하는 지적 작업이다. 국제정치 현상을 국가의 대외적 행위, 즉 외교정책에 초점을 맞춰 설명하려 할 때, '국가는 왜 행동하는가 Why Nations Act?'의 질문이 출발점이다. 국가행동의 원인과 결과에 대해 질문을 던지고 설명력 있는 답을 찾으려 한다. 그런데 이 질문의 뒷면에는 숨겨진 다른 질문이 있다. 그것은 '국가는 왜 움직이지 않는가? Why Nations NOT Act?'이다.

움직이지 않는 원인을 찾기는 쉽지 않다. 상대적으로 더 어려운 질문이기도 하다. 역사를 변화와 지속성 change and consistency 이라는 화두로 접근할 때도 대부분의 관심은 변화에 두어져 있다. 동적(動的) 현상을 규명하는 것이어서 변화를 만드는 요인, 즉 변수(變數) variables 를 찾기가 상대적으로 용이하다. 그러나 현상은 왜 지속되는가의 질문에 선뜻 정교한 분석을 내놓기가 어렵다. 만약 '국가는 왜 움직이지 않는가'라는 질문에 대해 답을 찾아간다면 지속성 원인의 일부를, 그리고 현상 유지 status quo 메커니즘의 속성을 규명할 수 있을 것이다. 교착상태의 정치학은 이 작업에 해당된다.

국가행동을 전략과 판단의 결과로 전제할 때 두 가지를 염두에 둘 수 있다. 하나는 이익론의 판단이다. 모든 국가는 자신에게 이익이 될 것인가를 중심으로 전략을 판단하고 행동을 결정한다. 이 판단에 따라 기회 모색 혹은 위험감수의 행동이 드러나기도 하고 위험회피의 행동이 나타나기도 한다.

다른 하나는 심리적 요인이다. 국가행동 결정의 요체는 정책결정자들의 심리상태로 환원된다는 전제다. 심리적 요인도 실로 다양하고 광범위하다. 그중 하나가 감성^{sentiment}의 영역이다. 이를테면 증오심, 적대감, 두려움, 경멸과 모멸감, 명예회복, 복수심, 체면 차리기 등이다. 이익론과 감성론, 이 두 가지 중 무엇이 더 중요하게 작동하는가에 정해진 답은 없다. 사례별로 다를 것이다.

북미 교착상태의 심리적 요인

하노이 노딜 이후 북미가 움직이지 않고 있다. 이익론의 관점에서 굳이 북미 교착상황을 설명하자면 위험회피 판단을 거론할 수는 있을 것이다. 북미 모두 위험감수보다 위험회피가 오히려 이익이 될 것이라는 전략적 판단 때문이라고도 추론할 수 있다. 그러나 그것만으로는 충분한 설명이 되지 못한다. 조건만 되면 '움직이겠다'고 서로 공언해왔기 때문이다.

한반도 비핵화 과정과 더불어 나타나게 될 다양한 변화들, 즉 협력과 지원, 교류, 평화공존의 제도화, 관계 정상화 등의 과정에는 더 큰 이익이 기다리고 있다. 북미 양국 모두에게 그렇다. 북한으로서는 체제 생존의 이익과 관련되어 있고, 특히 미국에게는 북한 관리 여부가 중국 견제라는 전략적 이익과 밀접하게 결부되어 있다. 그러므로 우리가 던져야 할 질문은 '그럼에도 불구하고 왜 움직이지 않는가?'에 있다.

감성론 요인으로 설명해야 할 부분이 더 많을지도 모른다. 북한은 분노하고 있고, 두려워한다. 북한이 자주 거론하는 '미 제국주의자의 압살 정책', '적대시 정책'이라는 항변에는 축적된 두려움이 있다. 미국 따위는 두려워하지 않겠다는 언사에, 또 자신의 방식으로 돌파하겠다는 결기도 따지고 보면 두려움의 다른 표현이다. 코로나 팬데믹 국면이 미치는 북한 경제 상황을 고려할 때, 시침^{時針} 넘어가는 소리가 천둥소리처럼 들릴지도 모른다. 초조할 것이다. 그래서 두려워한다.

감성 영역의 요인은 미국도 별반 다르지 않다. '불량국가', '악의 축' 등의 단어에 그들의 경멸감이 압축되어 있다. 북한 악마론도 유사한 심리상태를 나타내는 말이다. 지금까지 북한은 미국을 줄곧 속여왔기 때문에 북한 행동을 믿을 수 없고 따라서 '북한 피로감$^{North\ Korean\ Fatigue}$'이 팽배해 있다고 단언한다. 사실, 국가 간 관계도 그렇지만 인간관계에서도 '불신'은 쌍방의 심리가 교합된 것이다. 어느 한 편을 탓하기가 어려운 것이 불신 구조의 정체다. 그러나 미국은 북한에 대한 경멸감으로 불신 구조를 합리화하려 한다. 자신의 책임은 애써 살펴보지 않겠다는 심리다.

북미 양국 모두 그 감성의 틀에서 빠져나오려 하지 않는다는 것에 더 큰 문제가 있다. 두려움과 경멸감이라는 심리적 함정에 빠져있다. 관성처럼 보이기도 하고, 게으름의 산물이기도 하다. 북미는 상대방 코트에 볼을 던졌다고 서로 주장한다. 전형적 거울 이미지다. 이익보다는 감성에 사로잡혀 있는 자신들의 비합리성을 그러한 논리로 감추려 한다. 감성 요인에 사로잡혀 있다는 것은 이익에 대한 상상력 부족이기도 하다. 용기는 '무엇을 잃을 것인가 염려하는 두려움의 크기보다 새로이 얻을 수 있는 것이 더 클 것이라는 기대감'에서 나온다. 그렇게 보면 북미 지금 모두 용기가 결핍되어 있다.

두려움, 관성, 무오류의 함정, 자기 정당화의 심리가 북미 양자관계를 지배하고 있어 남북미 선순환 삼각구도를 만들기가 어렵다. 두려움으로 인한 교착, 관성으로 인한 교착이 현 상황의 특징이다. 그럼에도 불구하고 교착 상태를 풀어내고 변화를 향해 움직여 나가야 한다면 누가 주도할 것인가?

한국 외에 전략적 옵션을 가진 행위자는 없다. 사실, 한국도 두렵기는 마찬가지다. 냉전기의 증오가 관성으로 남겨진 국내정치 환경도 고려하지 않을 수 없다. 국내정치 일정을 감안하는 사람들은 '뭐 무리할 것 있겠냐'며 손사래를 칠 수도 있다. 그러나 한국조차 감성 요인의 틀 속에서 빠져나오지 못하면 교착의 강도는 더 강해질 것이다.

패러다임 전환이 필요하다

그러면 어떻게 할 것인가? 감성 영역의 단단한 외피外皮에 갇혀 여간해서 움직이려 하지 않는 북미 양국 전략가들의 사고를 이익론으로 전환시키는 일이 중요하다. 이른바 프레임의 전환, 또는 패러다임의 전환이다. 이익론으로의 전략 패러다임 변화를 주도하려면 한국 전략가들의 상상력과 창의력이 그 토대가 되어야 한다. 한국이 먼저 이익론의 패러다임으로 접근해야 한다. 변화를 통해 더 거대한 이익이 생길 수 있음을 절실하게 먼저 상상해야하는 행위자도 한국이어야 한다. 그러한 상상과 변화가 불가능한 것은 아니다. 그 가능성의 단초를 보였던 것이 2018년이 우리에게 준 학습효과다.

움직여야 할 시점을 놓치면 비용이 쌓인다. 교착의 강도가 높아지면 교착을 풀어내는 비용도 더 높아진다. 비용은 미래 세대가 어떤 형식으로든 부담하게 되어 있다. 다음 세대를 위한 안정적이고 작동가능한 평화공존 구도를 정착시켜야 할 초입에서 한반도 평화 프로세스가 머뭇거리고 있다. 그러므로 지금은 지속가능한 공존을 위한 작은 동력, 그 가능성이라도 확인해야 할 시점이다. 그것에 더하여 교착상태의 정치학을 더 세밀하고 치열하게 분석해 두는 일도 지금 시대가 주는 과제의 하나다. 그 분석의 주된 책임자도 한국 말고는 없다. 교착의 중간 지점에 선 한국의 전략적 판단에 대한 작은 시대 관찰이다.

같은 제목으로 「전략노트」 13호 (국가안보전략연구원, 2021.8.26.)에 게재한 글이다.

종전선언으로부터 시작되어야 할 것들

"*종전을 선언한다고 안보를 포기하는 나라는 없다.*"

'유럽에서 전쟁이 끝났다$^{War\ is\ Over\ in\ Europe}$'
'드디어 평화! 이제 끝났다$^{Peace!\ It's\ Over}$'
'이겼다! 일본 항복$^{Victory!\ Japan\ Quits}$'

2차대전 종전을 알리는 당시 신문의 헤드라인 제목들이다. 큼지막하게 쓰인 짧은 단어들에 환희가 묻어 있다. 사람들은 거리로 뛰쳐나와 이름 모르는 누군가를 서로 부둥켜안았다. 해군 수병과 금발 여인이 대로^{大路}에서 입맞춤하는 유명한 사진은 그런 감격을 상징하는 장면이었다.

서울의 강남 거리에서, 평양의 려명거리에서, 그리고 오솔길에서 그런 모습들을 볼 날이 언제일까? 종전선언 네 글자가 다시 한반도 국제무대에 등장하자, 감성은 상상의 날개를 타고 훌쩍 미래로 가고 싶어 한다. 그러나 정치과정은 이제 막 시작일 뿐이다.

6·25전쟁은 몇몇 내전과 인도-파키스탄 전쟁 등을 제외하면 근대 국제정치 역사에서 가장 길게 진행되고 있는 전쟁이다. 건물과 공장이 파괴되고 수많은 사람들이 죽임을 당했지만, 마무리를 위한 정치적 합의는 성실

하게 지켜지지 않았던 전쟁이다. 정전협정이 서명되고 9개월 뒤 제네바에서 평화협상이 열렸다. 1954년 4월이었다. 정전협정 당시 '한국 문제의 평화적 해결을 위해' 정치회담을 개최할 것을 쌍방이 약조했던 터였다. 평화협정 체결이 의미한 것은 명백했다. 전쟁을 공식적으로 종료하는 절차였고, 정전상태로는 안정된 평화를 이루어낼 수 없기 때문이었다. 그러나 정치적 합의에 도달하는 것에 끝내 실패했고 그로부터 68년이 흘렀다. 한반도에는 전쟁이 끝난 것이 아니라 멈춰 서 있는 것이다. 한반도가 72년째 전쟁 중이라는 사실을 새삼 깨닫는다. 전쟁 중에 세계가 주목하는 발전을 이룬 대한민국의 역사 궤적이 오히려 기이한 것인지 모른다.

2021년 9월, 문재인 대통령은 유엔연설에서 종전선언을 다시 제안했다. 길어도 너무 길어진 전쟁을 이제 함께 끝내자는 '선언'의 제안이었다. 선언은 선언 자체로 충분한 정치적 힘을 가진다. 역사적 전환을 의미하는 선언이기 때문이다. 전쟁을 끝내자는 선언이 특정 국가를 위한 시혜施惠일 수 없다. 전쟁 상황을 특별히 선호하는 국가가 아니고서야 전쟁을 끝내는 결정을 타국에게 은혜를 베푸는 행위로 간주하는 것은 어불성설이다. 종전선언을 위한 '조건'을 운운하는 것도 사리에 맞지 않는다. 전쟁과 대립으로 만들어진 문제들을 종전선언의 '조건'으로 간주할 일이 아니라 전환점 이후 '해결해 나가야 할' 사안들로 봐야 한다. 남북 정상회담을 위한 기획이 아니냐고 의심하는 측도 있다. 그 역시 곡해曲解로부터 나온 진단이다. 정상회담은 종전을 선언하는 과정에 등장하게 될 하나의 절차적 옵션이지 그 자체가 목적이 아니기 때문이다.

종전선언은 새로운 이슈가 아니다. 2006년 노무현-부시 정상회담에서 제안된 바 있었고, 2018년 '한반도의 봄' 기운이 만연했을 때도 등장했다.

그러나 거기까지였다. 평화에 대한 열망이 전쟁 지속의 습관에 의해 압도당해온 유별난 공간이 한반도임을 다시 깨닫게 했다. 전환의 동력이 생기지 않는 여러 이유가 있을 것이다. 늘 그렇듯, 변화의 동력은 지속성의 동력과 맹렬히 부딪히며 경합한다. 움직이지 못하게 하는 요인은 기억의 관성, 두려움, 이익계산 방식 때문이다. 반면, 나아가려는 힘은 상상과 열망, 그리고 새로운 이익에 대한 기대감에서 나온다. 2018년에도 그런 방식으로 경합했다. 종전선언이 주한미군 철수를 위한 사전 조치라는 황당한 의심부터 제기되었다. 해묵은 두려움을 다시 자극했던 것이다. 그리고 정치적 이념적 논쟁으로 비화했다. 평화보다는 전쟁과 대립을 선호하는 세력은 이런 조건 속에서 은근히 정체를 드러내곤 한다.

다시 점화된 사안이니만큼 뭔가가 달라야 한다. 난관들을 이미 목격했으니 이번에는 '달라야 한다'는 주문이 관찰자들의 솔직한 심정이기도 하다. 북측도 호응하며 나섰다. 언술의 습관상 조건들을 달긴 했지만 말이다. 미국도 '열려 있다'고 화답했다. 재미 한국인 시민운동가들이 제안하여 미국 연방 하원에서 진행되고 있는 '한반도 평화법안'도 좋은 신호다. 속내야 어떻든 중국이 마다할 리가 없다. 3~4개국의 관련국들 입장은 수렴하고 있다. 우리의 제안이 모처럼 힘을 받게 되었다. 지금이 좋은 타이밍인지는 사실 중요하지 않다. 합의와 실천 동력이 만들어지면 그 자체로서 좋은 타이밍이다.

평화를 향한 전환적 선언으로서 종전선언이 갖게 될 전략적 의미도 함께 생각해봐야 한다. 한반도 이슈는 늘 복합적이다. 한반도 비핵화, 북한 체제 안보, 대북 제재의 부분 해제와 경제 협력, 인도주의 지원, 군사적 긴장 완화와 군비 통제, 불신감 해소 등의 난제들이 얽혀 있다. 모든 사안을 한 테

이블 위에 올려두고 한꺼번에 해결책을 논의할 수도 있다. 이른바 원샷 딜one shot deal 혹은 그랜드 바겐grand bargain이라고 부르는 방안이다. 정치 지도자들의 담대한 정치적 판단은 그런 대목에서 필요하다. 급물살을 타기도 하겠지만 때론 급정지의 위험도 있다. 위로부터의 접근법은 아래로부터의 협의 과정과 치밀하게 결합되어야 한다. 합의 실천의 단계별로 상호교환되는 이익들을 서로 확인해가는 과정도 중요하다. 이 과정에서 신뢰감도 쌓이게 될 것이다. 이전 방식으로 돌아가고 싶어도 돌아가기 힘든 지점들은 그 길 위에 하나둘씩 생겨날 것이다. 하노이 노딜 이후 확인하게 된 교훈의 하나다.

단계적 접근법을 고려해야 한다면 종전선언을 모든 과정의 입구에 위치시키는 일이 새삼 중요하다. 다양한 후속 절차들이 가능해질 것이다. 통상, 전략구상이란 제안하는 측의 열망으로부터 시작되지만, 관련 당사자들의 이해와 우려를 해소하는 노력들을 통해 비로소 실천성을 가지게 된다. 따라서 현시점 북한의 우려를 전략적으로 고려하지 않을 수 없다. 다양하고 복잡하게 얽혀 있지만 크게 두 가지일 것이다. 체제 안보와 경제 안보다. 전자는 적대시 정책 해소로 집약되고, 후자는 발전권 혹은 생존권 담보를 위한 제재 해제가 해법일 것이다. 이 두 가지 모두 비핵화 과정과 연계되어 있음은 자명하다. 궁극적으로 체제 안보와 경제 안보 담보로 진행되어야 할 일련의 과정에 종전선언을 입구에 세우는 일은 여러 가지 긍정적 부수효과를 가져올 것이 틀림없다.

우선, 종전선언은 대화 재개의 모멘텀을 제공하게 될 것이다. 남북미는 어떤 형태로든 일단 대화를 시작해야 한다. 북한으로서는 적대시 정책 해소를 위한 다양한 요구들을 거론할 기회다. 사실, 종전선언 그 자체가 적대시 정책 해소의 신호탄이기도 하다. 그 뒤를 이어 북미 간 연락사무소 설치, 수교와 평화협정 체결 등이 차례로 논의될 수 있을 것이다. 경제 제재 부분 해제는 그런 체제 안보 해소의 실천과 맞물리게 해야 한다. 이 모든 사안들이 북한의 비핵화 이행 약속과 연계되어 있음도 명백하다. '보상과 배신, 먹튀' 논란을 최소화하기 위해서라도 우선 이 과정을 거치며 신뢰 구조를 형성해가는 것이 필요하다. 북한 행동 변화 없이 '보상'하는 일을 우려하는 것도 현실이다. 북한이 세팅한 속임수에 넘어갈 것이라는 일각의 우려를 생각하지 않을 수 없기 때문이다. 대화 부재의 상황에서 증폭되어 온 북미 간 불신 구조의 메커니즘, 그 심리적 장애 요인들을 풀어나갈 수 있는 계기도 종전선언 실천과정에서 찾아야 한다.

국제사회로부터의 지지도 확보해야 한다. 사실, 종전선언에 관계하려는 행위자가 너무 많아지면 진행 속도가 늦춰질 위험이 있다. 적으면 적을수록 실천력 갖추기가 더 용이하다. 그러나 한반도에서 평화를 향한 전환이 시대적 요구라는 사실에 국제사회의 공감대가 있어야 한다. 그리고 그들에게도 평화공존의 한반도가 전쟁과 대립의 한반도보다 더 많은 이익을 제공할 수 있음을 주지시켜야 한다. 한반도 적대적 대립에 익숙해진, 전쟁을 이익으로 간주해온 몇몇 국가 전략가들의 뒤틀린 전략 셈법도 변화시킬 필요가 있다.

종전을 선언한다고 안보를 포기하는 나라는 없다. 종전 이후에도, 심지어 평화공존 속에서도 안보 추구의 노력은 지속되어야 마땅하다. 방법에는 다소의 차이가 생길 수 있다. 오히려 다양한 안보구상을 실천에 옮길 기회가 될 것이다. 안보와 평화에 이르는 '유일한 길'이란 없다. 이론 영역에서도 정치 현장에서도 그렇게 단순한 방법은 존재하지 않는다. 종전선언이 주권을 정지시키거나 위축시키지도 않는다. 한미동맹은 주권적 영역의 합의다. 종전선언 이후에도 주한미군을 비롯한 한미 안보협력 방안은 광범위하게 모색되어야 한다.

'전쟁을 끝내야 한다. 그렇지 않으면 전쟁이 우리를 끝장낼 것이다.'

미국 존 F. 케네디^{John F. Kennedy} 전前 대통령의 연설 중 언급된 문장이다. 이 같은 절박한 위기감은 후일 베트남 반전 데모 현장에서도 재연되었다. 인류 문명사 상당 부분을 차지하고 있는 것이 전쟁과 폭력이다. 그러나 그럴수록, 어쩌면 그랬기 때문에 평화에 대한 인류의 열망이 한층 강렬해졌던 것도 사실이다. 짙은 어둠 속에서도 빛을 찾으려 했던 인간들의 굳은 의지 때문에 인류 문명사 전체를 전쟁사라고 부르지 않는다. 21세기 한반도에서 그런 희망을 이어나가야 한다. 너무 길어져 오히려 전쟁의 비극에 대한 우리의 인식이 너무 무디어져 있는 것이 아닌지 다시 자문해 볼 때다. 전쟁은 이제 끝내야 한다.

같은 제목으로 「전략노트」 14호 (국가안보전략연구원, 2021.10.4.)에 게재한 글이다.

종전선언의 전략적 의미와 공동관여의 전략

"북한이 2017년 이전 시점으로 '되돌아갈 수 없는 지점들'을 만들어야 하고 그 지점들을 통과하도록 유도해야 한다는 것이 관여 전략의 목표다."

2019년 하노이 노딜 이후 한반도 평화구상은 시동을 다시 걸기가 좀처럼 쉽지 않아 보인다. 그러나 동력이 완전히 멈추거나 소멸한 것은 결코 아니다. 돌이켜보면 2017년은 위기였고, 2018년은 희망의 한반도였다. 2019년에는 인내하며 평화구상 속도가 점점 느려지는 것을 안타깝게 지켜봐야 했다. 하노이 회담에서 북미가 아무런 성과를 내지 못했던 것은 두고두고 아쉬운 대목이었다. 우리로서는 북한으로 하여금 '되돌아올 수 없는 지점'을 건너가게 만드는 결정적 지점의 하나가 하노이 회담이었다. 그런 조건 속에서 2020년에 들어 타개책 모색을 기획했다. 북미협상이 작동하지 않으니 남북관계라도 먼저 가동시켜 한반도라는 자동차를 움직이려 했던, 이른바 '후륜구동형' 기획이었다. 그러나 코로나가 그 모든 기획을 멈추게 했다. 북한이 국경을 굳게 걸어 잠갔던 것이다.

2021년, 작은 동력이라도 다시 살려두는 것이 필요했다. 문재인 정부로서는 남아 있는 시간이 많지 않았으나 남겨진 시간보다 더 중요한 것은 다음 정부에게, 그리고 미래 세대에게 '작동가능^{workable}'하면서 '지속가능한

^{sustainable}' 한반도 평화구상을 연속시키는 일이었다. 정권의 문제가 아니라 역사의 문제였다. 그 첫 움직임은 2021년 5월 한미 정상회담을 통해서였다. 2021년 5월, 외교적 방법, 조정된 전략, 공동관여$^{joint\ engagement}$의 수순을 통해 문제를 풀어나가자는 원칙에 한미 두 정상이 의견을 같이했다. 무엇보다도 판문점 선언, 싱가포르 공동선언의 지점에서 대화 동력이 재개되어야 한다고 공언하여 대화 재개 지점을 명확히 했다. 그것은 2018년 이전과 같은 대립 구도로 회귀하지 않겠다는 의지 표명이기도 했다. 남북한도 대립 질서로 회귀하는 것을 전략적으로 억제하면서 안정적 관리 모드를 유지하였다. 이러한 현상 역시 2018년의 대전환이 남긴 결과물이다. 남북한이 고려해야 할 전략적 좌표를 생각하면 평화공존으로의 이행은 바람직한 선택이다. 다시 '한반도의 봄'을 (부분적으로라도) 재가동하고 싶다는 의도와 희망은 여전히 내장되어 있다. 종전선언의 필요성과 상징적 의미를 다시 외교 전면에 등장시켰던 것은 그런 배경에서였다.

종전선언의 시대적 의미

종전선언은 평화협정 체결로 가야 할 길을 함께 시작하자는 합의이고 선언이다. 국제정치 역사에서 평화협정에는 전쟁을 공식적으로 종료한다는 법적, 정치적 의미가 주어져 있다. 종전선언은 1953년 이래 지속되어 온 정전체제를 급격한 방식으로 변경하자는 의도가 아니다. 급하게 통일을 추진하자는 선언이 아니다. 기존 주권 영역을 변화시키겠다는 선언도 아니다. 동맹을 파기하라는 요청일 수는 더더욱 없다. 동맹과 주한미군 주둔 문제는 종전선언이 결정할 사안이 아니다. 그것은 대한민국 주권의 영역에서 결정할 문제다. 종전을 선언하고 평화협정을 추진하자고 합의한다 해서 안보를 포기하는 나라는 이 세상에서 어디에도 없다.

한반도에서 전쟁이 너무 길어져 있다. 끝난 것이 아니라 거의 70년에 가까운 시간 동안 멈춰 서 있는 것이다. 한국 인구 중 휴전협정 체결 이후 출생한 인구는 전체 인구의 85% 이상이다. 이들 대다수의 한국인들은 전쟁이 멈춰선 상태에서 일생을 살았다. 세계인들은 물론 한국인들조차 한반도가 73년째 전쟁 중이라는 사실을 가끔 잊어버리기도 한다. 평화로워서가 아니다. 전쟁이 너무 길어져 감각이 무디어져 버린 것이다. 멈춰 서 있는 전쟁 중에 한국이 이만큼 발전을 이룬 것은 기적에 가까운 일이다.

정전의 70년 역사를 보면서 가끔 이런 상상도 해본다. 소위 대체역사 alternate history 의 관점이다. 그 지점 중 하나가 1954년이다. 1954년 제네바 정치협상에서 존 포스터 덜레스 John Foster Dulles 국무장관이 저우언라이 周恩來 Zhou Enlai 외교부장과 악수를 거부하지 않았다면, 그래서 판문점에서 약조한 대로 정치협상이 타결되어 평화협정을 맺었다면 어떻게 되었을까? 6·25전쟁이 안정적 평화체제로 전환되었다면 한반도와 한국은 어떻게 변했을까를 상상한다. 평화공존은 1954년 이후 어느 시점에 정착되었을까? 한국의 군부 독재가 과연 등장할 수 있었을까? 민주주의 체제하의 산업화는 얼마나 역동적으로 빨라졌을까? '기생충'이나 '오징어 게임' 같은 한국 문화의 매력은 얼마나 일찍 꽃피웠을까? 등의 상상이다. 종전선언을 다시 제안하는 것은 1954년의 시점으로 되돌아가서 한반도의 미래를 새롭게 설계하고 싶다는 희망이기도 하다. '종전선언이라도 정치적으로 합의하고 선언해보자'라는 제안이다. 전쟁 당사국인 한국이 아이디어를 제안한 것은 너무나 당연한 일이다.

종전선언으로부터 시작하여 평화협정을 체결하게 되면 6·25전쟁은 공식적으로 종결된다. 그 시점이 언제가 될지 누구도 알 수 없으나, 평화협정이 한반도 평화체제^{regime}의 제도적 장치가 될 것이라는 점은 명확하다. 그 과정에서 북미 연락사무소 설치를 논의하게 될 것이고 북미 수교협상을 어느 지점에 위치시킬 것인지 계산하고 협의할 것이다. 평화협정을 체결하면 유엔사 지위에는 다소 변화가 오겠지만, 설사 유엔사가 해체된다 해도 주한미군 지위에 큰 영향을 주는 것도 아니다. 전술했듯이 그것은 한국 정부와 미국 정부가 결정할 주권의 영역이기 때문이다.

북한이나 미국 일부에서 종전선언을 위한 '조건' 운운하는 것도 이치에 맞지 않다. 북한이 적대시 정책 철회를 종전선언의 조건으로 제시하는 것은 앞뒤가 바뀐 것이다. 적대시 정책 해소는 종전선언 이후 북미 간에 구체적으로 협의하고 해결책을 찾아야 할 문제다. 오히려 종전선언은 적대시 정책 해소를 위한 조치들을 이제부터 협의할 수 있다는 신호로 간주해야 한다.

종전선언 입구론에서 기획할 수 있는 전략들

종전선언은 안정적이고 지속적인 평화공존으로 전환하자는 정치적 선언이다. 남북관계 영역도 그러하고 남북미 삼각관계에서도 새로운 국면이 열릴 수 있다. 특히 북미협상의 단계적 접근법을 고려해야 한다면 종전선언은 향후 전개될 협상 과정의 입구로서의 의미를 가진다. 다양한 후속 절차들이 가능해질 것이다. 두려움과 증오심의 심리요인으로 증폭되어 왔던 북미 간 상호불신을 해소하는 첫 단추가 될 수도 있다.

한반도 문제 해결을 위해 전략적으로 고려해야 하는 것은 북한의 의도와 행동 변화 가능성이다. 현시점 '북한이 무엇을 고민하고 있고 그래서 무엇을 요구하고 있는가'를 봐야 한다. 북한을 고립시키는 방식, 혹은 북한의 의도는 개의치 않는 제안은 일방적이어서 협상 효과를 기대하기 어렵다. 북한의 의도를 독해하고 전략적으로 고려해야 한다면 두 가지로 요약된다. 북한의 체제 안보와 경제 안보 이슈다. 전자는 적대시 정책 해소 과정과 직접적으로 맞물려 있고, 후자는 북한의 발전권 혹은 생존권 담보를 위한 조치일 것이다. 적대시 정책 해소는 양국의 새로운 관계 설정, 즉 북미 수교로 상징되어 나타날 것이다. 발전권은 경제 제재 부분 해제를 통해 방법을 찾을 수 있을 것이다. 체제 안보와 경제 안보 보장을 담보해주는 방향으로 협상을 해야 한다면 그 일련의 과정 입구에 종전선언을 세우는 일은 여러 가지 긍정적 효과를 가져올 것이다. 물론, 이 두 길로 나뉜 협상 과정의 단계마다 비핵화 진행 과정과 연계되어 있어야 한다는 것은 자명한 이치다.

종전선언을 협상 재개의 입구에 세워두기로 합의하면 다양한 수순들이 가능해진다. 우선 대화 재개의 모멘텀을 만들 수 있다. 남북미는 어떤 형태로든 대화를 재개해야 한다. 비핵화 협상이 주된 이슈이겠지만, 북한으로서는 적대시 정책 해소를 위한 다양한 요구들을 거론할 기회가 될 것이다. 그 뒤를 이어 북미 간 연락사무소 설치, 수교와 평화협정 체결 등이 차례로 논의될 수 있을 것이다. 대화 부재의 상황에서 증폭되어 온 북미 간 불신 구조의 메커니즘, 그 심리적 장애 요인들을 풀어나갈 수 있는 계기도 종전선언 이후 만들어질 대화와 협상 과정에서 찾아야 한다. 관여 전략이 본격 실천성을 가지게 된다는 의미다.

북한에 대한 관여 방식의 문제: How to Engage North Korea?

관여^{engagement}라는 개념을 '포용'으로 번역해서 사용했던 적이 있다. 포용이라는 우리말 단어가 사용되는 사회적 맥락, 즉 관용과 배려의 의미가 중첩되어 해석되면서 한때 '퍼주기' 논란을 낳았다. 그 관성 때문인지 일각에서는 관여 전략을 북한의 선행동 후 '보상^{reward}'으로 이해하는 경우가 있다. 국가 간 관계에서 '관여'는 '관계를 통해 상대방에게 영향을 미치려는 의도'라는 정의가 더 적절하다. 경우에 따라 '개입'이라고 번역하기도 한다. 관여라는 말과 반대의 의미로 사용되는 국제정치 용어는 '철수^{disengagement}' 또는 '봉쇄^{containment}'라는 개념이다. 두 개념 모두 관계 방식의 단절 혹은 적대적 대립을 의미한다. 그렇게 보면 관여 전략은 상대방을 '약속의 틀 속에 묶어 두려는 접근법'이라는 것이 해석이 더 적절하다.

북한 핵 문제 해법과 관련하여 관여의 일차적 책임을 자임한 것은 미국이었다. 미국으로서는 비확산 질서의 성패를 가늠하는 것이 북한 핵 보유라고 판단했기 때문이다. 따라서 북한에 대한 관여 목적의 대화는 미국이 거의 독점했던 구조였다. 북한조차도 체제 안보와 경제 안보 해법이 북미협상에 달려있다고 판단한 결과이기도 했다. 그러나 엄밀히 따지고 보면 북한문제는 핵 문제가 전부는 아니다. 북핵 선先해결 방식은 의지의 측면에서는 강건하고 강력한 해법처럼 보이나, 실천은 길고 복잡한 과정을 필요로 한다. 게다가 북한 핵 보유는 사실 미국만이 유일하게 고민할 문제도 아니다. 동북아 안보상의 문제이고, 남북한 이슈이기도 하다.

그럼에도 불구하고 2018년 이후 한반도 평화구상의 국제적 영역에서는 북미 양자 협상을 우선 추진하는 것으로 진행되었다. 우리의 전략적 개념에서 보자면 미국의 대북 관여 전략이 한반도 평화 프로세스의 전륜구동이었고 남북관계 발전은 후륜구동이었던 셈이다. 북미협상이 '비핵화를 통한 평화$^{peace\ through\ denuclearization}$'를 상징한다면, 남북 평화공존 관계를 정착시킴으로써 북한의 비핵화를 촉진하겠다는 전략은 '평화를 통한 비핵화^{denuclearization}

through peace' 개념으로 구분할 수 있다.

2019년 10월, 북미 스톡홀름 협상 단계쯤에 이르러 미국의 대북 관여 전략은 일단 더이상 작동하기 힘든 것으로 판단되었다. 그 단계에서 고려해야 하는 것은 남북관계 개선을 통한 돌파였다. 우리 전략 구도의 지도 위에서는 논리적으로 이상할 것이 전혀 없다. 그것이 앞서 언급했던 '후륜구동' 논리이기도 하다. 한국이 북한과 관계 개선을 추구하여 후륜구동식 해법을 추진한다고 한미 간 정책 조율 과정이 생략되지는 않는다. 그러나 돌발 변수가 등장했으니, 그것이 코로나 감염의 세계적 확산이었다. 바이러스가 평화구상의 돌파 기회를 무산시켰다.

2021년 5월, 한미 정상회담의 공동성명은 한글판으로 12장, 영문판 8페이지에 달한 장문의 문서였다. 한반도 평화구상과 관련하여 특기할만한 것은 바이든 대통령이 '북한에 대한 한국의 대화, 협력, 관여*engagement*를 지지한다'고 언급한 대목이었다. 한국의 독자적 대북 관여전략의 추진을 미국이 양해했다는 뜻이기도 하고, 한미 간 공동관여*joint engagement* 방식도 가능해졌다는 의미기도 했다. 더 확대해석하면 북한에 대한 다자적 관여*multilateral engagement*도 굳이 배제할 이유가 없다. 어떤 방식이더라도 한국의 능동적이고 창의적인 전략 아이디어가 작동할 공간이 생겼다는 의미다.

공동관여는 북한을 한반도 평화공존을 위한 약속의 틀 속에 묶어 두기 위한 메뉴로 짜여져야 한다. 앞서 언급한 대로 북한의 체제 안보와 경제 안보 우려를 해소할 수 있는 콘텐츠여야 한다는 뜻이다. 따라서 공동관여를 추진함에 있어 가장 중요한 원칙은 북한의 우려를 수용하는 일이다. 관여가 시혜가 아닌 이상, 관련국들이 공유하고 교환해야 할 이익을 확인하는 과정도 물론 중요하다. 만약 한미 공동관여 방식을 생각한다면 2018년 이후 북한의 모라토리엄에 대한 미국의 정치적 인정으로 시작하는 편이 실효성이 있을 것이다. 공동관여에서 전제해야 할 것은 비핵화의 개념이다. 비핵화가 조건의 달성이라는 지점을 의미하는 것이 아니라 시간이 오래 걸리는 정치적 '과정political process'이라는 점이다. 그 장기간에 걸친 과정 속에서 북한이 2017년 이전 시점으로 '되돌아갈 수 없는 지점들'을 만들어야 하고 그 지점들을 통과하도록 유도해야 한다는 것이 관여 전략의 목표다.

관여 방식의 유연성을 고려해야 한다. 비핵화를 유일한 이슈로 간주하는 방식에서 탈피하여 다양한 통로track를 구상하는 것도 필요하다. 이를테면 보건협력을 포함한 인도주의적 지원, 미군 유해 반환, 6·25전쟁 이산가족 상봉 등의 이슈를 논의하기 위한 협상 채널을 다면적으로 개설하는 것도 방법이 될 수 있다. 북한의 경제 안보 우려를 해소하는 방안으로는 대북제재 부분 해제와 함께 철도와 항만시설 등 인프라 개발 협력이나 개성공단 재가동 등을 고려할 수 있다.

공동관여의 추진 방법으로는 공동 접근법과 병렬적 추진 방법으로 나누어 생각할 수 있다. 공동 접근법은 관여에 참여하는 당사국들이 '공동의 제안'에 합의하고 '공동의 해법'을 모색하는 방식이다. 반면, 병렬적 추진방식은 한국이 공동관여 해법을 제안하고 관련국들의 동의하에 양자협상을 병렬적으로 추진하는 방식이다. 이를테면 남북협상과 북미협상을 동시에 진행하는 방식이다. 이 경우, 한국과 미국 사이에는 정책 조정과 역할 분담에 대한 합의가 중요한 전제가 될 것이다. 한미 공동관여가 가장 실효적이지만 유럽의 몇몇 국가들도 다자적 공동관여에 포함하는 방식도 고려할 만하다.

이중잣대의 국제정치학

"이익이나 정체성과 결부될 때 주관성과 주관성이 만나는 지점, 즉 상호주관성 영역이 넓어진다."

시인 김춘수(1922~2004)를 대표하는 작품, '꽃'이라는 시가 있다.

"내가 그의 이름을 불러주기 전에는 / 그는 다만 / 하나의 몸짓에 지나지 않았다. / 내가 그의 이름을 불러 주었을 때 / 그는 나에게로 와서 / 꽃이 되었다."

이 작품 때문에 김춘수는 '꽃의 시인'으로 불렸다. 독자들은 '꽃'이라는 낱말의 상징이나 일상적 쓰임새와 관련지으면서 이 시를 연시戀詩로 읽고 사랑해왔다. 소비되는 방식은 독자의 영역이므로 딱히 시비할 일은 아니다. 그러나 시인 자신을 포함, 많은 시문학 평론가들은 이 시를 '존재'와 '언어', 그리고 언어를 통해 성립하는 '관계'의 본질적 속성에 관한 작품으로 해설한다.

이름을 짓고 부르는 일의 의미

이 세상의 사물과 현상에는 모두 이름들이 있다. 이름은 물질과 관념의 결합 방식이기도 하고, 현상의 속성에 대한 '규정'의 과정이기도 하다. 이름을 지어 부른다는 것은 이름의 틀 속으로 현상을 규격화하는 일이다. 그러므로 명명命名은 일종의 프레이밍framing이다. 현상의 복잡한 속성들을 간소화시키면서 특정한 단어의 프레임(규격) 속으로 가두는 결정이라는 뜻이다. '이것은 이렇게 봐야 한다'라면서 해석의 방식을 정해주는 일이다. 프레이밍을 '해석의 사전 설계'라고 간주하는 것도 그런 의미일 것이다. 사회과학에서는 개념화conceptualization의 지적 작업이 이와 유사하다.

사람의 일상에서도 그러하지만 역사 속에서도 이름, 개념, 규정과 관련하여 흥미로운 일들이 많이 벌어졌다. 예컨대 전쟁에 대한 명명이 그러하다. 전쟁의 이름 중에는 발발한 지역이나 공간과 연관해 붙인 경우도 있고, 관계된 행위자 중심으로 명명된 것도 있다. '베트남전쟁'이나 '걸프전쟁'이 전자의 예라면, 후자는 '러일전쟁'이나 '미서전쟁' 등이다. 또는 '아편전쟁'처럼 전쟁의 발발 원인이나 '6·25사변'처럼 특정 시점을 중심으로 상징성이 부여되기도 한다. 이것에 딱히 정해진 규칙은 없다. 같은 전쟁을 두고 각각 다르게 부르기도 한다. 다만, 어떻게 명명하고 어떤 이름으로 부르냐에 따라 인식과 해석 통로의 큰 골격이 정해진다는 것에는 이론異論이 없을 것이다. 그래서 논쟁거리가 되기도 한다. 이를테면 발발 지역 중심으로 전쟁을 명명하게 되면 가해자와 피해자가 실종되어 버린다는 비판이 그것이다.

이중잣대라는 논란

특정 무기의 시험 발사나 군사훈련을 '안보'와 '자위自衛'를 위한 정당한 조치로 간주할 것인가, 아니면 '도발'로 볼 것인가의 논란도 따지고 보면 '명명의 정치학'과 '해석의 주관성'에서 파생되는 문제다. 유사한 현상이 관찰자의 시선에 따라 다르게 각각 규정되고 명명되기 때문이다. 자위 조치와 도발 행위의 차이를 두고 '유사하기는커녕 완전히 다른 문제다'라고 주장하는 측의 해석과 '결국 같은 것 아니냐'고 볼멘 항변을 하는 측이 생기는 것도 이름, 규정, 해석, 개념화의 문제로부터 기인한다. 이중잣대라는 불만도 이런 배경에서 제기된다. 그런 항변에 대해 논란의 여지가 다소 있다고 인정하는 사람도 있고, 아예 논란의 여지조차 없는 일이라고 일축하기도 한다.

이중잣대$^{double\ standard}$는 '어떤 현상이나 문제를 판단하는 기준이 두 가지이거나 분명하지 않음'을 나타내는 말이다. 핵심은 판단의 '기준'이다. 기준점이 주관적이거나 자의적일 때, 그리고 보편적이고 상식적 가치판단의 기준이 공유되기 힘들 때 이중잣대 논란이 생긴다. 대표적으로 '내로남불'이 있다. 로맨스냐 불륜이냐는 현상 자체가 문제가 아니라 어떤 시선으로 정의 내리느냐의 문제인 것이다.

이런 현상이 가장 흔하게 발생하는 영역이 국제정치다. 도발과 자위 조치의 대비도 그렇지만, 무력수단을 동원한 국가 행위를 두고도 한편에서는 침략이라고 규정하는가 하면, 다른 한편에서는 해방으로 명명하기도 한다. 심지어 식민지 지배를 두고도 피해자는 침탈이라고 규정하고 가해자는 시혜^{施惠}였다고 뻔뻔스럽게 대응한다. 야만에 가까운 그런 이중성이 여태껏 용인되어왔던 영역이 국제정치다. 그 모호한 기준과 해석의 대립은 여전히 진행 중이다. 국가 행위에 대한 '판단'의 보편 기준을 세우기는 여전히 어렵다. 20세기 이래 보편적 가치 기준에 대한 지구적 합의가 진행되고 있으나 속도는 여전히 더디다.

국제정치영역에서 이러한 이중잣대 논란이 왜 수시로 등장하는가? 그것은 근대 국제정치의 본질에서 부분적으로 기인한다. 국제정치에서는 국내정치와는 달리 세계정부가 존재하지 않는다. 중앙 권위체$^{central\ authority}$가 없다는 뜻이다. 그러니 각자도생의 원리를 당연한 이치로 여기게 되고, 현상에 대한 독자적 해석 경향도 생기게 된다. 무정부성^{anarchy}은 개체(개별 국가들)에 대한 보호장치가 없다는 뜻이기도 하지만, 현상에 대한 해석을 강제할 권위가 결핍되어 있다는 뜻이기도 하다. 이런 배경에서 다양한 방식의 이중잣대가 횡행하는 것이다.

사람을 죽이는 일이 국가 내의 도덕 기준으로는 '살인'으로 간주되어 비난의 대상이 되지만, 국경 밖에서의 살인 행위는 전쟁 수행의 정당성으로 포장되면서 살인자는 되레 '전쟁영웅'으로 불리기도 한다. 그런가 하면 지구 온난화 위기를 극복하기 위해 생태계 문제의 해결책에 합의했다가도 국내 기업 이익을 고려하여 비준을 거부하는 상황도 생기기도 했다. 그런 국가들에 대해 비판이 쇄도하지만, 국익 추구라는 개체 중심 논리에 빠지면 대부분 국가들의 입장은 '오십보백보'다. 인류 보편가치의 당위성과 국익 추구 담론의 블랙홀 사이에 존재하는 이중잣대 때문이다. 얼핏 보기에 모순처럼 보이는 이런 일들은 근대 국제정치의 양식이 지속하는 한 간단히 멈추지는 않을 것이다. 문명화의 진행 과정이 국가 간 영역에도 확산되고 정착하게 될 때까지 이중잣대 논란은 지속될 것이다.

세력균형과 군비 경쟁의 국제정치

도발이냐 자위냐의 이중잣대 논란은 세력균형$^{balance\ of\ power}$과 군비 경쟁의 메커니즘과 밀접하게 관련되어 있다. 전략담론이나 시사적 수준에서 세력균형을 자주 거론한다. 사실, 힘의 균형적 배분에 대한 판단은 이중적이다. 안정의 조건이라고 보기도 하고 오히려 불안정의 원인이라고 전제하기도 한다. 엄밀히 따지고 보면 세력균형은 물질적 균형이 아니다. 국력 혹은 군사력이 국가들 간 관계에서 정확히 균형을 이루는 지점을 찾기는 계산조차 어렵다. 애초부터 국력과 군사력에는 무형적 요소 즉 인식적 요소가 포함되어 있기 때문이다.

그렇게 보면 세력균형론도 생각과 판단, 관념의 논제다. 대부분 국가들은 자국의 군사력이 다소 앞섰다고 '판단'할 때, 그래서 '안심할 수 있다'고 생각할 때 '세력균형에 도달했다'라고 선언할 가능성이 높다. 다분히 자의적이고 주관적인 판단임이 틀림없다. 그런데 그런 상황에 이르면 상대방 국가는 당연히 불안감이 가중될 수밖에 없다. 따라서 군비 경쟁은 물질적 균형, 혹은 불균형이 야기하는 것이 아니라 '만족'과 '위협인식'에 대한 주관성의 조건 속에서 벌어진다. 그래서 안보 딜레마와 군비 경쟁은 세력균형과 동전의 앞뒷면을 이루고 있다고 말한다.

상대방의 판단과 규정까지 이래라 저래라 하기는 어렵다. '도발이다 아니다'의 논쟁 때문에 전쟁이 바로 일어나지는 않는다. 일정 수준까지의 자의적 해석과 규정은 사실상 인정될 수밖에 없다. 국제정치가 원래 그런 것이고, 다소의 야만적 속성이 남아 있는 곳이기 때문이다. 그래서 일정 정도의 위선偽善 또한 자연스럽다. 위선도 전략이라면 전략이다. 가장假裝하건 형식적 언사이건 선善을 앞세울 때 자의적 해석도 힘을 얻을 수 있다. 자위를 위한 군사력 강화를 추진하면서도 평화를 주창하는 것은 위선처럼 보이지만 한편으로는 좋은 전략이기도 하다. 외유내강의 원리가 이런 점에서는 최적의 전략이다.

이중잣대 논란에 대처하는 법

국가 간 관계에서 규정과 해석을 두고 벌어지는 싸움은 설득력을 선점하기 위한 일종의 경론競論이다. 외교가 담론 경합의 장場이라는 것도 그런 의미다. 자신의 행위, 자국의 (자의적) 규정이 얼마나 더 설득력을 가지느냐가 관건이다. 경론의 다툼이 시작되면 이기는 방도를 찾아야 한다. 점잖고 의연하게 대응한답시고 위안부를 '전시 성노예'라고 규정하지 못하고, 상대방이 '자발적 매춘'이라고 부르는 뻔뻔한 행동을 허용할 수는 없는 일 아닌가.

국제사회에서 자국 논리를 지지하고 호응하는 편을 많이 확보하는 것이 경론에서 이기는 방법이다. 공공외교가 중요한 이유도 그것이다. 국제정치 무대에서는 행동과 논변이 보편적 가치를 내포하고 있으면서 동시에 많은 국가들이 지지할수록 정당성legitimacy을 가진다. 그런 토대 위에서 국제적 영향력influence이 증대된다. 거기에 더하여 국가가 축적해온 브랜드와 명성reputation도 영향을 미친다. 명성은 신뢰도와 직접 관련이 있다.

중요한 것은 타국과 공유한 이익 범위가 넓으면 논리와 관점도 공유하기 쉽다는 점이다. 정체성이 비슷하거나 우호적이어도 논리가 수렴한다. 같은 편이라고 생각하면 현상을 바라보는 시선과 규정도 비슷해진다. 요컨대 해석은 개별 국가들이 가지는 주관성의 영역이지만, 이익이나 정체성과 결부될 때 주관성과 주관성이 만나는 지점, 즉 상호주관성intersubjectivity 영역이 넓어진다.

도발이냐 자위 조치냐의 규정을 두고 제기된 이중잣대 논란은 근대 국제정치 속성상 딱히 새삼스러울 것도 없다. 다만 자의적으로 판단하고 주관적으로 현상을 규정하는 일은 말싸움에만 그치지 않는 경향이 있다. 규정과 해석의 차이를 두고 분노의 감정이 생기기도 하고, 감정이 후속 행동으로 이어지면 하나의 경로가 만들어질 수 있다. 이른바 후과後果의 문제다. 규정의 자의성 때문에 빚어진 언술의 차이 때문에 서로 '옳다 그르다'의 담론 경쟁이 생길 수 있다. 그러나 담론과 규정 때문에 갈등이 불필요하게 심화되는 상황은 관리할 필요가 있다.

갈등관리는 현실적 문제다. 말싸움 때문에 과도한 비용을 지불할 수는 없는 법이다. 국제정치에서 상대방의 규정을 강제할 권리는 어느 누구도 없다. 그러나 각자도생이라 어쩔 수 없다고 방치해두면 갈등은 저절로 해결되지 않는다. 군비 경쟁이나 안보 딜레마의 경우처럼 불안감이 높아지고 위협인식 또한 증가하기 때문이다. 규정을 두고 벌어지는 다툼을 극복하는 방도는 결국 교신과 대화가 답이다. 대화가 상호주관성 형성의 출발이고 거기서 공감대가 형성되기 시작하기 때문이다. 동일한 현상에 대하여 동일한 언술 체계 속에서 동일한 개념으로 부르기 시작하면 논리 싸움할 이유는 없어진다. 신뢰도 쌓을 수 있게 된다. 개념, 해석, 규정, 단어를 두고 벌어지는 갈등을 관리할 수 있는 기회를 갖게 된다는 의미다.

다시 김춘수의 아름다운 시구를 국제정치 영역으로 소환해본다. 꽃이라고 부르는 계기가 있어야 그는 꽃으로 존재하기 시작한다. 그 또한 나를 꽃이라고 부르면 그에게 나는 꽃이 되는 것이다. 꽃이라는 하나의 이름을 중심으로 상호관계와 의미가 만들어진다는 것이다. 주관성과 또 다른 주관성이 만나는 지점이다. 도발인가 자위적 조치인가의 논쟁은 이중잣대의 문제일지는 모르나 핵심은 관계 부재의 문제이기도 하다. 이중잣대라고 비난한다고 문제가 해결되지는 않는다는 것이다. 대화를 시작하고 관계를 맺으려 결심을 하게 되면 규정의 단어 문제 따위는 더이상 논란으로 존재하지 않게 될 것이다.

같은 제목으로 「전략노트」 15호 (국가안보전략연구원, 2021.10.11.)에 게재한 글이다.

3장

한국 외교 디자이닝

신흥 선도국, 한국의 전략적 과제

*"이익 공유를 설정하고 보편적 가치를 내세워 설득할 수 있느냐가
외교 기술인 셈이다."*

2021년 6월, 한국 외교는 세간의 주목을 받으며 세계의 중심으로 진입했다. 5월에 열렸던 한미 정상회담에서 동맹의 새로운 영역을 확장한 데에 이어 영국 콘월^Cornwall에서 개최된 G-7 정상회의에 초청받아 포스트 코로나 세계 질서 구축에 한 축을 담당하게 되었다. 백신 생산과 공급 역할을 부여받아 국제 공공재를 제공하는 국가가 되었다. 글로벌 현안 해결에 필요한 핵심기술 수준을 갖춘 국가로 인정받고 있으며, 록다운 없이 방역을 성공시킨 유일한 민주주의 국가가 되었다. 세계를 이끌어가야 할 나라가 되었다는 뜻이다.

'30-50클럽'(국민소득 3만 불 이상, 인구 5천만 이상의 조건을 갖춘 국가군)으로 불리는 국가들 가운데 제국주의 시기 식민지를 겪었던 유일한 국가가 한국이다. 기존 G-7 국가들은 대부분 이전에 제국^empire을 경영해 본 경험이 있는 국가들이다. 한국은 걸어온 길이 달랐다. 요컨대 한국은 독특한 이력을 가진 신흥 강국인 셈이다. 한때 세계 최빈국이었던 한국의 처지를 생각하면 실로 드라마 같은 일이 벌어진 것이다. 20세기 후반기 세계사에서 한

국의 경제 발전과 민주화가 성공 미담^{美談}이었다면, 세계적 역할이 부여된 것은 국가 성장 스토리를 최종적으로 확인하는 절차로 보인다. 이제부터 한국 외교가 화룡점정^{畵龍點睛}의 역할을 맡게 될 것이다.

이런 지점에서 생각을 가다듬어야 할 일들이 있다. 우선, 세계의 발전을 주도해야 할 방식의 관점에서다. 한국은 지금까지 캐치업$^{catch-up}$ 방식의 발전 모델을 습득하고 성공을 거뒀다. 주요 국가들이 합의했던 국제질서 원리를 수동적으로 수용해 왔다. 18세기 이래 산업화의 방식은 화석연료 사용에 기반한 경제발전 모델이었다. 그리고 마치 피라미드를 닮은 안행형 발전 모델$^{flying-geese\ model}$은 세계자본주의 정치경제 체제의 골격이기도 했다. 이 구조로부터 새로운 발전 패러다임을 만들어야 할 때가 된 것이다. 화석연료 기반의 산업화가 더이상 가능하지 않기 때문이다. 이에 따라 반도체, 녹색성장, 바이오산업, 배터리 및 수소 자동차 등에서 새로운 세계자본주의 성장 동력을 모색해야 한다. 그 지점에 한국이 주도국의 일원으로 서게 되었고, 새로운 성장 패러다임은 한국에게 특히 유리한 조건이다.

주도국의 반열에 합류하려는 이상 그 위상을 드러내는 방식, 즉 외교도 가다듬어야 한다. '노인을 위한 나라는 없다$^{No\ country\ for\ old\ men}$'는 2008년 아카데미 작품상을 수상했던 영화 제목이다. 제목에서 느껴지는 처연함, 혹은 참담하면서도 결연한 의미를 국제정치에 적용해보면 '타국을 위한 나라는 없다'라는 표현이 적절할 것이다. 불완전한 국제정치 현실에서 이타적 행동을 하는 나라는 이 세상에 어디에도 없고, 모든 국가는 자국의 이익을 위해 행위한다. 사실, 새삼스러울 필요조차 없는 당연한 이치다. 그렇게 보면 국제정치 현장에서 보은^{報恩}의 논리는 신화에 가깝다. 국가들끼리 은혜를 주고받는 일은 존재하지 않는다. 보은론이 간혹 맹위를 떨치는 것은 국가 행위를 그렇게 포장하고 인식되기를 바라는 측에 의해 기억이 조형되기 때문이다.

그런데 외교에서는 가치도 뜻밖에 중요하다. 국가들은 외교적 언사를 통해 가치와 규범을 드러낸다. 목표 속에 담기도 하고 합의에 포함하기도 한다. 국가 행위를 관찰하는 사람들은 가끔 이익과 가치의 관계, 혹은 그 미묘한 조절 방식에 대해 혼동할 때가 있다. 대부분 국가가 이익을 가치 뒤에 숨겨둔다. 이익을 포장하고 있는 가치들은 꽤 설득력 있어 보이기도 하고 제법 보편성을 드러내기도 한다. 그래야 한다. 위선적으로 보이는 그런 방식이 없으면 국제정치에는 각자도생各自圖生의 무지막지한 원리들만 판치게 되고, 이익과 이익이 거친 방식으로 부딪혀 갈등을 관리하기 어렵게 된다. 핵심은 이익 추구이지만 뭔가 그럴듯한 가치와 목표를 앞세우고 외교를 통해 추진하고자 합의하는 것이다. 그런 의미에서 외교는 전략적 위선의 기술이기도 하다.

가치로 포장되는 합의들이 소위 국제질서의 관념 요소 $^{ideational\ elements}$를 구성한다. 규범이 되기도 한다. 그 합의된 질서 원칙 때문에 국제정치의 무정부성이 파국으로 치닫는 것이 제어된다. 국제정치의 본질은 '질서가 잡힌 무정부성$^{ordered\ anarchy}$'이다. 물론 특정 목표를 설정하고 합의를 주도하는 국가들은 그것이 자국의 이익과 부합할 것이라고 기대한다. 그래서 간혹 외교 현장에는 '투박한' 이익 추구와 '우아한' 가치 표명 간에 괴리가 존재하기도 한다. 외교를 일컬어 '가장 비열한 것들$^{the\ nastiest\ things}$을 가장 멋지게$^{the\ nicest\ way}$ 얘기하는 방식'이라고 표현하는 것은 그런 배경에서다.

2021년 6월에 발표된 카비스베이$^{Carbis\ Bay}$ G-7 정상회담 코뮤니케를 보라. '열린 사회', '민주주의', '다자주의', '미래 팬데믹에 대한 대비와 협력

관계 구축' 등 현시점 어느 누구도 감히 딴지를 걸 수 없는 가치들이 명문화되어 있다. 한국 외교도 이러한 가치들을 구현하는 방도를 학습해야 한다. 가치를 중심으로 설득력을 갖춘 외교를 구상하고 실천할 때가 온 것이다. 세련되고 품격있는 외교로 국격을 높여야 한다.

외교에서 가치를 드러내는 일은 일회용 기술만은 아니다. 국민들의 문화와 인식이 상당 부분 투사되어 표현하는 것이 외교다. 가치와 이익을 결합하고 조정하는 일은 정부의 역할이다. 당당한 외교, 인류 보편적 가치를 세계시민 입장이 되어 고민해야 하는 행위 주체는 국민이다. 세계를 선도한다는 자긍심은 거기에서 나온다. 그래서 인식 전환도 필요하다. 그러려면 문명개화론, 탈아입구^{脫亞入歐}론 같은 19세기적 업보^{業報}에서는 벗어나야 한다. 서양의 일원이 되지 못해 안달이 난 것 같은 조바심은 이미 버렸어야 할 구^{舊}시대적 행태다. 선진국이라는 용어도 더이상 적절한 단어가 아닐지 모른다. 전^{前}시대 유물과 같은 선진-후진의 수직적 이분법을 전제로 해야 하기 때문이다.

가치를 외교에 포함하겠다고 해서 가치 뒤에 숨겨둬야 할 이익이 훼손되지 않아야 하는 것은 당연한 일이다. 정작 중요한 것은 가치의 표현과 실천 방식이 투박하지 않고 유연해야 한다는 점이다. 실천 방식에서 유연성을 잃고 가치만 너무 강직하게 앞세우면 외교가 도덕 교과서처럼 되어버린다. 가치 중심의 국민적 자긍심이 지나쳐 정부의 대외 조정 기술까지 압박하게 되면 가치-이익 사이에 존재해야 할 공간이 위축될 수 있다. 국내정치와 국제정치에서 작동하는 윤리와 도덕성은 동일하지 않다. 아직은 그렇다.

'타국을 위한 나라는 없다' 백번 맞는 말이다. 그러나 외교 현장에서 가치와 이익 사이에 놓인 오묘한 관계를 고려한다면 '타국을 위한 행동'은 쓰임새가 있는 논변이다. 어떤 가치를 중심으로 외교를 전개할 때, 우리의 이익에도 도움이 되지만 상대방에게도 이익이 된다는 논리를 강조해야 한다. 그것을 통해 상대 국가를 설득해가는 과정이 외교다. 이른바 '공동이익의 확인' 과정이다. 순도 100% '타국을 위한 행동'은 없다. 이익이 공유되면 그 배분 방식에 차이가 있을 뿐이다. 이익 공유를 설정하고 보편적 가치를 내세워 설득할 수 있느냐가 외교 기술인 셈이다. 그러기 위해서, 또 그럴수록 더 유연하게 외교를 구상하고 행동하는 일이 필요하다. 신흥 선도국, 한국에게 주어진 전략적 과제다.

"신흥 강국, 한국의 전략적 과제"라는 제목으로 「전략노트」 11호 (국가안보전략연구원, 2021. 6. 16.)에 게재한 글이다.

외교 유연성의 시대적 의미와 의의

"외교 실천 영역에서 움직일 수 있는 공간이 확장되어 있다는 전제가 있어야 유연성은 실천력을 가진다."

한국 외교의 유연성을 미래 전략과제로 진지하게 고민해야 할 시대다. 향후 몇 년 안에 외교 영역에서는 시대 도전의 파고^{波高}가 더욱 높아질 것이 틀림없다. 더 단단하게 준비를 갖추어야 할 시대가 바야흐로 현실로 다가서는 느낌이다. 그 준비 중의 하나가 외교 유연성에 대한 개념 정리다. 유연성 개념과 담론에 관한 토론이 국내 전략연구 커뮤니티 내에서 더 활발하게 진행되어야 한다. 그래야 외교 현장에서 든든한 실천력을 갖추게 될 것이다. 국가로서 한국의 성패^{成敗}는 결국 외교에 달려있다. 과거에도 그랬고 미래 시대에도 변함없을 것이다.

유연성 모색: 역사와 과제

국제정치학 이론 영역에서는 물론, 한국 외교전략 구상에서 '유연성' 개념과 실천은 흥미로운 주제다. 따지고 보면 그 필요성은 지금 시대만의 요청은 아니었다. 한국은 오랜 기간 '유연함'의 외교를 모색해 왔다. 상당 부분 한반도의 지정학적 조건 때문이다. 더 엄밀히 말하자면 지정학적 조건 자체가 아니라 그 조건에 대한 주변국들의 인식 때문이었다. 한반도는 '입술과 이빨'의 관계로 읽혔고, 자신의 심장부를 겨누는 '비수^{匕首}'의 이미지로 해석되기도 했다. 미국과 소련, 두 초강대국이 격돌했던 냉전 시절에 이곳 한반도는 두 진영이 격돌했던 '전선$^{前線; front line}$'으로 간주되었다. 요컨대, 근대 이래 그 같은 지정학적 '인식' 때문에 한반도는 강한 외압으로부터 자유로웠던 적이 거의 없었다.

외압이 주는 불편함은 한국인 국제정치관 형성의 핵심 인자^{因子}로 내장되었다. 한국인은 그 불편함 속에서도 어떻게든 생존의 대안을 찾아야 했다. 제국주의 침탈을 온몸으로 견뎌내야 했던 시기, 균세^{均勢}전략을 구상하고 추진하기도 했다. 균세전략은 외교 유연성의 19세기 말 버전이다. 한때 중립을 주창했으나, 선언이 생존을 보장하지는 못했다. 유연성 전략은 실천 단계에서부터 난항을 겪었다. 동원하기에 채 다 정비되지 못한 국력 때문이기도 했고, 유연성 전략 자체가 아예 가당치 않다는 자탄^{自嘆}의 인식을 낳기도 했다. 1910년 독립을 상실한 뒤부터 자강론의 전략은 상수^{常數}에 가까웠다.

한국은 6·25전쟁을 겪은 후 동맹을 통해 생존을 모색했다. 당시 조건 속에서 동맹은 생존을 위한 거의 유일한 선택이었다. 주목해 봐야 할 사실은 한국 역대 정부들이 동맹만을 유일한 생존 대안으로 붙들고 있지 않았다는 점이다. 동맹과 병행할 전략들을 수시로 모색했다. 역대 정부들의 목표는 동맹을 해체하지 않으면서도 동맹 틀 안에서 유연성을 모색하고 외교적 활동공간을 넓혀나가는 것이었다. 그러한 경험과 고민들이 유연성 모색의 긴 역사를 증명한다. 그러나 그 과정을 통해 충분히 학습했다고 단언할 수 없다. 유연성이 지금 시대까지 중대한 전략적 과제로 남은 이유다.

미중관계가 대립각을 좁히면서 바야흐로 격돌이 임박한 수준으로 전화(轉化)하고 있다. 이에 따라 한국 사회 일각에서는 한국의 외교적 선택을 재촉하는 경향도 생겼다. 조기(早期) 선택 혹은 선택 강제의 핵심 주장은 요컨대 하루속히 중국을 버리고 미국과 동맹을 강화하는 한편, 더 나아가 일본과 손을 잡아야 한다는 주장이다. 냉전의 기억 때문일 것이다. 그 시대가 남긴 두려움이 되살아 남았기 때문이다. 두려움은 습관처럼 반복되고 재생한다. 다른 일각에서는 그런 선택 자체를 강하게 힐난한다. 한미동맹을 너무 무비판적으로 신성시해 온 탓에 심리적 무력증을 낳았다고 비판의 날을 세운다. 되레 중국과의 미래 연대를 제안하기도 한다.

사실, 따지고 보면 미국이든 중국이든 선택 자체를 아예 원천 배제할 이유는 없을지도 모른다. 그러나 중요한 점은 선택의 과정과 시점, 그리고 그 결과에 대한 상상이다. 한국이 양자택일의 선택을 서두르게 되면 역내 진영화의 대립 구도 형성을 재촉하는 결정적 요인이 될 수 있다. 냉전은 이전에도 그랬던 것처럼 대결이 본질이었다. 대립 구도가 만들어지면 한반도는 또다시 전선에 서야 하는 운명을 피하기 힘들다. 전선 위에 놓이게 되면 지불해야 할 비용이 만만찮다. 그러니 기어이 선택을 해야 한다면 그 결정의 순간을 가능한 뒤로 미루면서 과정을 찬찬히 숙고하려는 치밀함이 필요하다. 상황을 살펴 가며 행보를 정해야 한다는 뜻이다. 따라서 '선택 강제'의 압력을 버텨내는 것이 우선 해야 할 일이다. 동맹과 전략적 협력동반자 사이에서 움직일 수 있는 공간을 최대한 확보하는 것이 지금으로서는 더 중요하다. 덩치가 강해지는 것만이 버텨내는 힘의 원천은 아니다. 스탠스를 유연하게 잡아 나가는 전략도 버팀목이 된다. 그런 의미에서 유연성은 가히 시대적 요구가 되었다는 진단도 크게 틀린 말은 아니다.

외교의 경화(硬化)를 피해야 한다

국가가 외교적으로 행동을 결정하고 실천함에 있어 '유연하다'라는 말은 어떤 개념들을 내포하고 있는가? 일반적으로 '유연하다'라는 말은 '경직되다'라는 단어와 대비되며 의미가 부여된다. 외교 영역에서 경직성은 국가가 대외적으로 특정 독트린 혹은 기조에 스스로 압도당해 오로지 하나의 노선만을 유지하려는 일관된 태도를 일컫는다. 일반적으로 과거 성공에 집착하여 인식적 매너리즘에 빠지게 되면 모든 종류의 정책들은 경직된다. 정당성의 함정, 자기합리화의 최면에 빠지게 되면서 대안代案 모색에 폐쇄적 태도를 취하는 경향이 생긴다. 보수성의 경향, 상상력의 나태함도 그 심리 과정에서 작동한다. 현상유지status quo 노력을 국제정치를 바라보는 기본 태도로 치부하게 된다.

냉전기의 많은 국가들의 외교정책이 그러한 경향을 보였다. 대립 중심의 인식은 오랫동안 지속적으로 작동했다. 그 프레임에 익숙해지면 이탈의 동기는 점점 희박해지고 두려워지기 마련이다. 시대환경이 탈냉전으로 변화되었음에도 불구하고 냉전기 프레임 속에 자국의 외교정책을 가두어 놓은 경우가 생기기도 했다. 1990년대 이후 유럽에서 많은 국가들이 탈냉전형 외교로 변모되었던 속도를 같은 시기 동북아 국가들, 특히 일본 외교정책의 전략적 변화 폭과 비교해보면 경직성의 정도 차이를 짐작할 수 있다. 한국 외교도 일본과 크게 다르지 않았다. 다만, 앞서 언급했듯이 한국은 유연성을 지속적으로 모색해 왔다는 점에서 일본과 대비된다. 한국은 결과적으로 경직성과 유연성의 간극을 진자운동처럼 반복하는 경향을 보이기도 했다. 시도의 경험과 의지 자체는 재조명해 봐야 할 가치가 충분하다.

외교 경직성을 재생산하는 원인은 다양하다. 이를테면 국제정치를 편 가르기의 논리, 즉 진영논리로 해석하는 경향은 경직성 재생산의 원인이 된다. 진영이 만들어지고 그 진영에 속하게 되면 편안함^{safeness}의 심리를 갖게 되기 때문이다. 특정 국가에 대한 의리와 정서적 유대감을 강조하는 충성심^{loyalty} 같은 심리 현상도 덩달아 나타나게 된다. 국제정치를 이익이나 가치의 관점에서 접근하기보다는 은혜를 주고받는 과정이라는 생각, 즉 보은론^{報恩論} 심리를 적용하는 인식도 같은 맥락이다. 또한 국가들을 우호국과 적대국으로 구분하는 이분법도 경직성 재생산의 원인이 된다. 선악^{善惡} 이분법으로 국제정치를 바라보게 된다. 이러한 인식은 정책 결정 과정에서 자국 '이익'의 범위를 왜곡시킨다. 정책 대안 범위를 스스로 제한하는 일도 벌어진다. 또는 국가와 국가 관계에 있어 필요 이상의 개입의지^{commitment} 때문에 빚어지는 편협성도 경직된 외교의 원인이다. 개인사이건 국가 간 영역이건 '굳건한 신념'으로 무장하면 할수록 태도와 행위 경직성이 불가피해진다.

외교 유연성의 몇 가지 개념

외교 유연성의 개념은 전략구상과 정책 결정, 그리고 정책 집행의 단계에 따라 다양한 개념들을 고려할 수 있다. 우선, 전략구상 단계에서 '유연'하게 사고한다는 것은 국가 간 관계의 본질에 대해 '단순 논리'로 해석하지 않겠다는 전제로부터 가능해진다. 이를테면 이익과 가치 문제를 이분법으로 구분하지 않으려는 인식이 그 하나다. 국가들이 '관계'로 연결될 때, 경우에 따라 이익공유의 관계가 만들어지기도 하고 동류의 가치가 연결고리로 작동하기도 한다. 가치도 이익이 될 수 있고 그 반대의 경우도 배제하지 않는다는 의미다. 요컨대 국제정치는 가치, 즉 선^{善}을 전면에 앞세우면서도 개별 국가 자신의 이익은 포기하지 않겠다는 의지가 교묘하게 결합되어 작동하는 공간이다. 그런 의미에서 외교란 전략적 위선偽善의 기술인지도 모른다.

오늘날 미국이 가치동맹을 강조하는 반면, 중국은 한-중 경제이익의 범위를 강조한다. 한국에게는 가치도 중요하고 이익도 중요한 문제이다. 이 두 영역을 대립적 사안으로 구분하게 되면 그 두 사안이 경합하고 있다는 인식의 함정에 빠진다. 그러한 이분법적 선택을 강제하는 틀 속에서 빠져나와야 한다. 빠져나와야 유연성의 길이 열린다. 오히려 가치를 앞세우는 국가에 대해서는 공유해야 할 이익을 요구하는 결기도 있어야 하고, 이익만을 강조하는 국가에 대해서는 보편가치의 중요성을 확인하는 과정도 중요하다. 그러므로 유연하기 위해서는 국가 간 관계를 바라보는 시선이 포용적inclusive이어야 한다.

외교적으로 유연하기 위해서는 정책 대안의 범위가 확장되어 있어야 한다. 외교 실천 영역에서 움직일 수 있는 공간이 확장되어 있다는 전제가 있어야 유연성은 실천력을 가진다. '이 정책 외는 다른 길은 없다'라고 선언하는 일은 결기를 드러내는 효과가 있을 수 있으나, 유연함은 상대적으로 제한될 수 있다. 소위 입구론入口論의 논리가 그러하다. 입구론은 특정 사안의 해결을 전제조건으로 간주해버리는 전략이다. 강직剛直해 보일 수 있으나 경화硬化는 피하기 어렵다. 결기/단호함과 열려있는 정책 사이의 포괄적 공간이 외교 유연성의 가동 범위이기도 하다. 그런 의미에서 유연함은 국가행동과 국제정치에 대해 가지는 정책결정자들의 상상력의 결과로 가능해진다. 상상력은 열려있는 사유 행위open-minded reasoning가 필요하고, 창의성creativity이 내재되어야 한다.

정책을 결정하는 단계에서 정책결정자들이 고려해야 하는 유연성은 환경 적응성^{adaptability}이다. 어떤 정책이건 그것이 투사되는 환경과 분리된 정책은 상상하기 어렵다. 중요한 점은 국가를 둘러싼 환경은 어느 지점도 정태적이지 않으며, 따라서 국가는 변화에 적응하겠다는 의지를 가져야 한다는 것이다. 아울러 환경변화를 적극적으로 수용하겠다는 태도가 중요하다. 어떤 시점에도 고정된 현실^{realities}은 없다. 환경이 변화함에 따라 정책적 기조는 가변적일 수밖에 없을 것이라는 전제, 즉 가변성$^{changeability/variability}$의 전제가 정책결정자들 그룹 내에서 공유되어야 한다. 유연성을 가변성 개념으로 이해할 때 이는 경직된 태도를 벗어나겠다는 의지로도 이해할 수 있을 것이다.

정책을 집행하는 단계에서 고려해야 하는 유연성은 민감성^{sensitivity}이다. 민감하다는 것은 정책 집행의 결과를 세밀하게 분석하여 다음 단계의 행위를 결정하려는 태도다. 달리 말하면 민감성은 현장으로부터 오는 정책결과에 대한 피드백을 수용하는 개념이다$^{feedback\ sensitivity}$. 현장의 결과에 따라 과감히 오류를 수정해 나가는 태도를 의미하기도 한다. 이 민감성의 개념은 앞서 언급한 환경 적응성 개념과 동전의 앞뒷면을 이루고 있다.

또 하나는 설득력이다. 외교적 의사와 태도를 수시로 변경하는 것만으로 그것을 단순히 외교적 유연성이라고 규정하기 어렵다. 태도를 변경해야 할 경우라도 자국의 의사에 타국이 공감할 수 있는 논리와 설득력을 보여야 한다. 설득력이 있어야 유연한 외교가 효과를 발휘할 수 있다. 설득력은 신뢰가 구축되어 있어야 가능해진다. 국가 간 관계에서 신뢰 구축은 두 가지 영역에서 병행되어야 하는 조건들이 있다. 하나는 양국 간 '가치 공유'의 재확인이고, 다른 하나는 '상호이익의 공유'를 재확인하는 것이다. 그런데 수동적^{passive} 의사로는 이러한 과정이 쉽지 않다. 능동적^{proactive} 태도가 외교 유연성과 더 밀접한 관련을 가진다. 따라서 외교가 유연하다는 의미는 능동적이고 적극적으로 외교 기조를 발신하려는 태도와 밀접한 관련이 있다. 타국 정책에 단순히 반응^{react}하려는 수동적 태도가 아니라, 적극적 의지를 표현할 때 외교 유연성이 더욱 효과적으로 발휘될 수 있을 것이다.

외교 유연성과 가장 밀접한 관련을 가진 개념은 기동성^{maneuverability}이다. 기동성의 사전적 의미는 '통제 가능한 행동 변경의 능력$^{capability\ of\ controlled\ change\ in\ action\ or\ movement}$'이다. 자신의 기존 행위를 변화시키고 싶은, 그래야 하는 상황은 수시로 일어난다. 특기해야 할 점은 그러한 변경을 통해 행위의 방법과 목표를 수정하려 할 때, 그것이 통제 가능한 것이어야 한다는 것이다. 그 능력을 통칭하여 '기동성'이라 표현할 수 있다. 외교의 현장에서는 행위변경 혹은 경로변경과 관련하여 국내적 원천$^{domestic\ source}$을 통제할 수 있는 능력이다.[1] 이를테면 국민적 지지를 유지할 수 있는가의 능력, 국내적 자원을 지속적으로 동원할 수 있는 능력이다. 반면, 국제정치 현장에서는 행동 변경 이후에도 상대방에 대한 설득력뿐 아니라 영향력을 지속할 수 있는 능력이다. 변경이 통제의 범위를 벗어난다면 기동력을 온전히 갖추었다고 규정하기 어려울 것이다. 통제할 수 없는 행동 변경을 유연한 외교라고 지칭하기 어렵다.

외교 유연성의 유연함

유연성 확대가 한국 외교의 유일한 미래 목표는 아니다. 상황에 따라 전략적 입장과 태도를 명확하게 표명하는 일이 필요할 때도 있을 것이고, 결연한 의지를 표명하면서 국가 간 관계망 속에서 생존을 확보해 가는 일도 필요할지 모른다. 유연성의 외교가 의미하는 것은 어느 하나의 원리에 전략 사고와 행동 범위를 미리 묶어 둘 필요가 없다는 생각에서 비로소 가능하다는 것이다. 그것이 외교 유연성의 시작이고 과정의 논리이기도 하다. 그래서 그 과정과 변곡점마다 외교전략에 대해 전략가들의 끊임없는 사유와 고민들이 필요하다.

같은 제목으로 『미중 경쟁과 한국의 외교 유연성』(국가안보전략연구원, 2021) 서문에 쓴 글이다.

2021년 한미 정상회담과
한미동맹의 새로운 비전

"한미동맹은 이제 한반도 안보라는 범위를 넘어
공간적 확장, 협력영역의 확장이 가능한 동맹이 되었다."

2021년 5월 21일은 한국 외교전략의 역사에서 특별한 날로 기록해 둘 만하다. 이날 발표되었던 한미 정상회담 공동성명은 한글 버전으로 8페이지, 영문 버전으로는 줄 간격 촘촘한 5페이지에 달하는 장문의 성명서였다. 주목해야 할 것은 성명서의 길이가 아니다. 미래 협력을 향해 광폭 행보를 보인 양국 정상의 전략 판단을 주의 깊게 해석해야 할 필요가 있다. 한미동맹의 새로운 지평이 거기에서 새로이 시작될 것이기 때문이다. 동북아의 코너corner에서 오랫동안 희생을 강요당해왔던 한국의 외교적 경험을 상기할 때, 한국 외교전략의 비전도 이 정상회담에서부터 새로운 동력을 가질 수 있게 되었다.

한미동맹은 협력의 지리적, 공간적 범위scope를 확대했다. 한미동맹은 한국전쟁 휴전 이후 군사동맹으로 시작했고 오랫동안 그 기본 성격에는 변화가 없었다. 한반도 안정이 핵심 목표였다. 그러한 기간 동안 한반도 안정과 한국의 안보라는 목표는 성공을 거두었다. 더불어 한미동맹은 성장했고 발전했다. 한국의 국력과 국제적 위상, 한국인의 자신감이 성장했기 때문이다. 이제 양국 협력 관계는 지역 수준으로 확장되고 더 나아가 글로벌 차원의 파트너 관계로 진화하고 있다. 협력의 지리적 확장만이 주목할 일이 아니다. 협력의 '영역' 확장에 더 큰 의미가 있다. 가치와 규범, 경제, 보건, 사이버와 우주안보 영역에 이르기까지 동맹의 협력 범위가 확대되었다.

전략 협력

미중 전략경쟁이 점차 치열해지고 있음은 주지의 사실이다. 미국으로서는 중국의 행위를 비판하고 견제하려는 입장에 대해 되도록 여러 나라가 지지해주기를 원하고 있다. 기존 동맹 관계는 물론, 국제적 네트워킹의 강화를 통해서다. 미국은 인도·태평양 지역에서 한미 양국의 전략적 연대 coalition 를 더 견고하게 확인하고 싶었을 것이다. 반면, 한국의 우선순위는 한반도 평화구상의 재가동에 두었고, 이를 위해 미국의 지지가 필요했다. 이 두 가지 전략 영역에서 양국의 전략 우선순위는 적절하게 결합되었다.

한미 양국 정상은 양국의 전략 이익을 공유하면서도 자국의 이익에 부합되도록 교환하는 방식으로 정상회담을 이끌었다. 국제관계에서 국가들이 '전략적으로' 협력하는 일은 사실 생각만큼 쉬운 일이 아니다. 동맹 관계를 포함, 어떤 국가 관계이든 전략적 구상은 100% 완벽하게 일치하기는 어렵다. 국가마다 현재顯在하는 이익들이 같지 않기 때문이다. 더욱이 '전략' 협력은 미래 이익에 대한 공감대가 있어야 가능하다. 전략 지도를 놓고 공유해야 할 이익을 찾아야 하고, 그것을 표현하는 문구도 세밀하게 고려해야 한다. 이 과정에서 절충과 타협의 외교적 조정이 작동한다.

양국은 '규칙에 기반한 국제질서'를 유지하자는 원칙에 합의했다. 이는 포괄적인 국제질서 원칙에 관한 합의다. 중국에 대한 미국의 비판 논리를 한국이 수용한 것이다. 그러나 '규칙에 기반한 국제질서'는 통상국가 한국 외교에게도 매우 중요한 원칙이다. 준법주의가 퇴색하여 각자도생 원칙만 횡행하게 되면, 다양한 이익을 세계적 수준에서 확보해야 하는 한국 외교에게 그 같은 환경이 결코 유리하지 않기 때문이다. 그것에 더하여 '자유롭고 열려 있는' 인도·태평양 비전이 한국의 신남방정책과 결합^{align}할 수 있다는 점을 확인했다. 핵심은 한미 양국 전략 협력 구도에 중국을 어떻게 위치 지울 것이냐의 문제였다. 달포 전에 개최되었던 미일 정상회담에서 중국 문제를 직접 거론하며 홍콩, 위구르 신장지구 인권 문제, 대만문제까지 세세하게 언급했던 점과 비교하면 한미 정상회담에서는 확연한 차이를 보였다. 한국이 중국의 이웃 나라로서 특수한 경제적 이해관계가 있음을 미국은 '전략적으로' 양해했던 것으로 보인다. 따라서 중국, 대만문제에 관하여 한미 공동선언문에는 포괄적인 표현으로 절충되었다. 대만문제에 관한 언급도 '대만해협에서의 안정과 평화의 중요성을 강조'하는 정도의 일반론적 표현이었다. 정상회담 직후 중국이 대만문제는 중국 주권상의 문제라는 비평을 하긴 했으나, 미일 정상회담 직후 일본에게 보였던 태도와는 사뭇 달랐다는 점에서 한국 외교 포지셔닝의 정교함을 읽을 수 있다. 요컨대 한미 양국이 합의한 전략적 협력 구조에서 한국은 중국 견제의 스크럼^{scrum}에 한 걸음 정도 뒷선에 서 있는 것으로 조정된 듯하다. 타협하고 조정되었다는 것은 협력 의지가 작동한다는 것의 방증이다. 이 지점이 한국 외교의 유연성 전략이 작동한 대목이다.

한국의 전략적 우선순위는 한반도 평화구상 재가동이었다. 2018년의 경험에서 보듯, 이 구상은 미국의 적극적 역할 없이는 제대로 작동시키기 불가능하다. 이러한 한국의 전략적 우선순위를 미국은 전격 수용했다. 바이든 행정부 대북정책의 핵심은 '완전한 한반도 비핵화', '외교적 해결책 모색', 그리고 '정교하고 실용적 접근법'이다. 이를 재확인한 것이 정상회담이었다. 특히 바이든 대통령은 북한에 대한 한국의 대화, 협력, 관여engagement를 지지한다고 언급한 것은 매우 중요한 의미가 있다. 한국으로서는 운전자론 역할을 재개할 수 있는 조건이 만들어졌다는 의미다. 북한에 대한 한국의 '관여'를 지지하겠다는 것은 지금까지의 관여 구도, 즉 미국이 거의 독점해 왔던 대북 관여 방식을 조정하겠다는 의미로도 읽는다. 한미 공동관여joint engagement나 더 나아가 다자적 관여multilateral engagement 방식이 가능해졌다는 해석이 가능하다. 한미 공동관여joint engagement 방식을 작동시켜야 한다면 이 과정에서 핵심 포인트는 한국의 역할이다. 남-북-미 선순환 삼각구도 속에서 한국의 외교 유연성이 원활하게 작동해야 할 것이기 때문이다. 요컨대 군사안보 중심이었던 한미동맹의 외연이 확장되어 한반도 평화 지향의 동맹으로 전환되기 시작했다고 평가할 수 있다. 이 역시 한미동맹 역사에서 주목해야 할 지점이다.

 2021년 한미 양국의 전략 협력은 양국의 전략적 우선순위가 균형 있게 조정된 결과였다. 양국의 전략 협력 범위와 내용이 한반도에서 벗어나 동아시아, 인도·태평양 지역으로 확장된 것은 한미동맹 역사의 관점뿐 아니라 포스트 코로나 국제질서 형성 과정에서도 매우 중요한 의미가 있다. 글로벌 평화와 번영의 핵심축linchpin으로서 동맹의 존재 의미를 확인한 것이다. 세계 속 한국의 위상 상승은 한미 정상회담 직후 개최된 G-7 회의에서도 재차 확인된 바 있다. 국제질서의 원칙과 가치의 측면에서 한국과 미국은 같은 페이지 위에 있다. 민주주의, 인권, 개방적 시장경제 체제, 법치주의,

기후변화 대응 및 청정에너지로의 이행 등 국제관계의 목표에 양국은 공동보조를 확인하였다. 한미 양국은 새로운 세계 질서 구축에 있어 대등한 협력 파트너 equivalent partners 로서 관계를 재설정했다는 의미일 것이다.

보건협력과 기술·혁신협력

한미 양국은 새로운 영역에서 협력을 확대하기로 합의했다. 보건협력이 그중 하나다. 정상회담 시점에서 한국으로서는 미국산 백신을 공급받는 것이 당면한 문제였다. 이에 미국은 동맹국 지원 논리를 앞세워 백신을 긴급 제공하기로 했고 빠르게 실천에 옮겼다. 중요한 점은 한미 양국 협력을 글로벌 백신 파트너십 수준으로 확장시켰다는 점이다. 코로나 팬데믹이 전 세계에 확산되면서 한국이 방역 선도국 위치에 서게 되었다는 점은 이미 세계가 인정하는 사실이다. 그것에 더하여 한국의 바이오 의약품 생산 능력은 세계 최상위 수준을 자랑한다. 미국의 기술과 원부자재 공급능력과 한국의 바이오 생산역량의 결합은 양국의 호혜적 파트너십을 상징한다. 미국과의 보건 협력으로 한국은 아시아·태평양지역에서 백신 생산 및 공급의 '허브' 역할을 담당할 수 있게 되었다. 코로나 팬데믹이 여전히 기승을 부리고 있고, 역병의 창궐 위험은 심각한 미래 위협이다. 이런 상황에서 백신은 긴요한 '국제 공공재'의 하나가 된다. 한국이 미국과 협력을 통해 국제 공공재 제공의 공급자 역할을 한다는 것은 한국 외교 미래에 있어 매우 특별한 의미가 있다. 이러한 미래 과제 역시 한국 외교의 유연성 전략구상 속에서 수행되어야 한다.

기술·혁신 협력은 미국의 요청에 한국이 적극적으로 호응한 결과였다. 과거 한국은 미국으로부터 식량과 자본 등 경제지원을 받는 수혜국이었다.

미국 시장도 한국의 수출지향적 산업화 과정에서 매우 중요한 요인이었다. 그것을 통해 한국은 경제성장이 가능했고, 마침내 세계 톱텐$^{Top\ 10}$ 경제 대국으로 성장했다. 21세기 선도산업의 하나인 반도체와 배터리 생산에 한국의 유수 기업은 세계 정상급 수준의 기술을 보유하고 있다. 이제 한국은 기술·혁신 협력을 통해 미국이 필요로 하는 분야에 기술과 자본을 투자하는 국가가 되었다. 반도체와 배터리, 전기차 생산 분야에서 한국 기업들이 미국에 생산기지를 세우기로 했고, 이를 통해 미국은 산업경쟁력을 강화하고 고용 창출과 국제 공급망 재조정에 우위를 확보하려는 정치경제효과를 가지게 되었다. 기술·혁신 협력은 현시점 양국의 이익 교환 구조에서 윈-윈 게임의 협력이었다.

미사일 지침의 종료

한국 안보 역량 강화에도 새로운 계기가 마련되었다. 한국은 미국의 미사일 기술을 이전받기 위하여 1979년 '한미 양국 간 체결된 탄도미사일 개발 규제에 대한 지침'을 체결한 바 있다. 체결 당시부터 미국은 한국의 미사일 역량 개발에 제한을 두어왔으나 지난 2017년 미사일 탄두 중량 제한을 해제했고, 3년 뒤인 2020년 고체연료 제한도 해제한 바 있다. 이번 정상회담에서는 미사일 개발에 관한 모든 제한을 해제하기에 이르렀다. 한국은 이로써 미사일 주권을 온전히 회복하게 되었다. 1970년대 이래 자주국방론의 꾸준한 실천 과정에서 가장 획기적 성과의 하나로 기록될 것이다. 세계 비확산 질서를 주도해 왔던 미국의 관점에서 볼 때 그만큼 한국이 신뢰할만한 협력 파트너라는 의미이기도 하다. 또한 든든한 안보 파트너로서 한국의 위상을 확인한 결과다. 더불어 이번 정상회담을 계기로 '아르테미

스 약정' 참여를 통해 미국과 한국은 우주개발 분야에서도 협력을 확대하기로 했다. 한국은 중장거리 미사일 개발은 물론, 위성 및 우주발사체 개발을 통해 우주산업으로의 안보 및 경제 공간 확장도 가능하게 되었다.

한미동맹은 이제 한반도 안보라는 범위를 넘어 공간적 확장, 협력영역의 확장이 가능한 동맹이 되었다. 전통안보는 물론, 인간안보(보건)와 경제안보(공급망 재편)에서의 협력을 확장하였고, 한반도를 넘어 동아시아는 물론 글로벌 차원의 협력, 그리고 사이버 및 우주에 이르기까지 협력의 공간이 확대되었다. 동맹에 관한 새로운 이론적 작업도 필요할 것이다. 아울러 국제정치 현장에서 한국이 새로운 전략적 과제를 가지게 되었다는 점도 명확해 보인다.

"한미동맹의 새로운 지평"『평화 + 통일』177호 (민주평화통일자문회의, 2021)와 "2021년 한미 정상회담과 한국 외교의 비전: 외교 유연성의 전략적 과제를 중심으로"『국가전략연구』 3호 (국가안보전략연구원, 2021)의 내용을 고쳐 쓴 글이다.

한미동맹과 외교 유연성의 전략적 과제

"외교 유연성은 한국의 미래를 결정하는
'시대의 전략'이라고 불러도 크게 틀린 말은 아니다."

2021년 정상회담을 통해 나타난 한미동맹의 좌표

한국 외교전략 역사의 관점에서 2021년 5월의 한미 정상회담은 중요한 의미를 가진다. 한국의 근·현대사의 주요 변곡점에는 국제정치의 동력이 결정적 요인으로 작동해왔다. 19세기 말과 20세기 초, 제국주의 침탈과정에서 청일전쟁과 러일전쟁은 한반도를 전화(戰禍)에 휩싸이게 했고, 그 결과 일본은 한반도 식민지화를 서둘렀다. 해방과 분단도 국제관계의 정치적 결정의 결과였다. 6·25전쟁의 원인도 마찬가지였지만, 뒤이은 대립의 분단 질서도 국제정치 환경에 기인한 바가 컸다. 요컨대 개항 이래 한국인에게 외교전략은 생존 모색의 전략이기도 했다. 모두 다 성공을 거두지는 못했다. 균세전략과 중립 유지의 전략은 실패로 끝났다. 분단과 전쟁 이후 한국은 동맹전략에 집중했다. 한국의 생존과 발전에 필요한 전략적 선택이었다. 동맹에 기반하여 산업화에 성공했고 민주화도 성취했다.

동맹을 유지하면서도 한국의 외교전략은 늘 '동맹+알파'를 모색해 왔다. '1동맹 3우호체제'론이 대표적이다. '동북아 균형자론'도 한미동맹을 벗어나려는 시도가 아니라 오히려 동맹에 기반하여 동북아 평화를 촉진하는 국가가 되겠다는 전략구상이었다. 해양 세력과 대륙 세력을 연결하려는 '교량국가론' 전략도 동맹에 바탕을 둔 한국 외교 공간의 확장 구상이었다. 동북아 다자안보협의체 제안도 양자동맹과 다자 간 안보협력을 병렬적으로 조합하자는 구상이다. 요컨대 한국 외교전략을 구상해왔던 역사적 궤적에서 한미동맹은 준^{準}상수로 간주되었다. 그러면서도 '+알파' 전략 구상을 포기했던 적은 없었다.

공동성명서에 언급된 바와 같이 이번 한미 정상회담은 한미동맹에 새로운 장^{chapter}을 열고자 하는 선언이었다. 동맹의 범위와 협력의 영역을 확대하는 것은 양국 관계가 새로운 단계로 진입한다는 의미다. 지금까지 한미 관계는 주로 '군사동맹', 비대칭 동맹으로 설명되어 왔다. '후원-피후견인$^{patron-client}$' 관계로 묘사되기도 하고, '안보-자주 교환 동맹$^{security-autonomy\ trade-off}$'의 단순 논리로 설명되기도 했다. 한국은 미국과 동맹 관계를 유지하는 가운데 국력이 성장했고, 인식도 더불어 변화해 왔다. 국력 관점에서는 한미동맹이 여전히 '비대칭'일지 모르나, 협력의 역할 분담에서는 균등한^{equivalent} 관계를 가지게 되었다. 균등한 역할 분담은 '평등한^{equal} 관계'와 의미가 다르다. 힘의 차이는 있으나 크기에 따라 역할을 나누어 가진다는 '균분주의^{均分主義}' 원리에 더 가깝다. 따라서 기존 이론이나 정체성 규정은 한미동맹의 현 좌표를 설명하는 것이 더이상 유효하지 않게 되었다. 물론, 미국에 대한 한국인의 오랜 심리적 의존성을 한 번의 정상회담으로 완벽하게 극복했다고 단언하기는 어렵다. 인식은 오랜 기간 관성으로 작동하기도 한다. 그러나 극복 과정에 있다는 점은 확실하다.

유연성 모색의 시대 전략

한국 외교는 한미동맹 진화를 통해 세계 속 신흥 선도국으로 위상을 높여왔다. 산업화, 민주화라는 20세기 후반기 세계사에 각인된 한국의 성공 스토리는 이제 외교전략으로 완결해야 할 과제가 남았다. 미중 경쟁이 치열해지는 국면에서 외교 유연성 모색은 한국에게 필연적 과제와 같다. 한국의 위상을 여전히 약소국 경험의 기억으로 인식하려는 사람들은 미국과 중국 중 하나를 선택해야 한다고 주장한다. 미국 선택을 염두에 둔 주장이다. 이는 '선택 강제' 논리이기도 하다. 동東과 서西로 나뉘어서 대결을 벌였던 냉전기 진영화 구도의 유산이기도 한다. 정치를 '적과 동지의 구분'이라고 규정했던 칼 슈미트 Karl Schmitt 같은 정치 문법의 논변으로는 설득력이 있을지 모르나 외교의 영역에서는 반드시 유효하다고 단언하기 어렵다. 오히려 국제정치에는 '영원한 적도 영원한 우방도 없고, 오로지 국익만 영원할 뿐'이라고 강변했던 헨리 파머스턴 Henry Palmerston 의 논리가 더 적확할지 모른다.

외교 유연성 전략은 '동맹+알파'라는 한국 외교전략의 계산법에서 새로운 '+알파' 영역이다. 물론 국제정치 역사를 살펴보면 동맹이 영구히 존속하는 경우는 없다. 그러나 당분간 동맹 진화의 전제 위에서 한국은 외교적 공간을 넓혀나가야 한다. 그것을 통해 새로운 국제정치적 역할을 모색해가야 한다. 외교 공간의 확장은 인식과 태도가 유연해지지 않으면 불가능하다. 동맹과 외교 유연성을 단순히 상호배타적 의미로 간주해서는 곤란하다. 해석의 층위가 다른 두 가지 개념이다. '미국과 동맹을 유지하면서 어떻게 유연성을 강구할 수 있겠느냐'라는 질문이나, 혹은 '외교 유연성 실천을 위해서는 동맹을 변경시켜야 한다'는 주장들은 모두 이분법적 단순 전제에 묶여 있는 생각들이다. 이른바 '안보-자주 교환 동맹'의 논리적 연장

선에서 벗어나지 못하고 있다는 사실의 방증이기도 하다. 동맹 관계의 메커니즘도 유연하게 조정되면서 진화해야 하고, 동시에 외교 유연성 전략을 유지하면서도 동맹 발전은 충분히 가능하다. 동맹국 관계에서 이익의 교합을 조정하고 확대해 나가는 일이 더 필요하고 중요하다.

 한국 외교는 전략구상의 단계뿐 아니라 결정과 실천 과정에서 포용성, 창의성, 환경적응성, 능동성, 기동성 등의 유연성 원리들을 모색해야 한다[2]. 외교의 경화硬化를 피해야 국제환경을 바라보는 시야와 전략의 공간이 확장될 수 있다. 냉전 시대처럼 국제정치를 단순한 진영논리로 간주하게 되면 전략적 사고의 폭이 좁아진다. 국가 간 은혜를 주고받고 있다는 '보은론' 논리도 마찬가지다. 외교의 경화를 피하려면 특정 가치의 도그마에 빠지지 않는 것이 중요하다. 외교에서 가치는 중요하다. 그러나 가치는 추구하는 이익과 결합 될 때라야 의미를 가진다. 또한 약소국의 오랜 경험이 강제해 왔던 수동성을 벗어나야 외교 유연성이 가능하다. 외교 협의를 진행하는 과정에서 특정 사안을 선해결 조건으로 내세우는 원트랙 접근법보다는 투트랙 전략을 가동시켜야 외교 유연성의 대안을 더 넓게 가질 수 있다. 이슈 영역에 따라 이익의 결합 관계를 다양하게 조합하는 소다자주의 전략도 외교 유연성과 밀접한 관련을 가진다. 대륙 세력과 해양 세력의 경합이라는 기존 지정학적 이론을 무비판적으로 수용하게 되면 한국의 입지가 좁아질 수밖에 없다. 오히려 이를 뛰어넘기 위해서라도 지역 공동체 담론을 한국이 선도할 수 있어야 외교 공간이 넓어질 것이다. 한국 외교는 세계 무대에서 신흥 선도국으로서 면모를 갖추게 되었다. 한국 외교의 공간은 더 넓어질 것이고, 전략적 대안도 더 광범위하게 고려해야 할 시대가 성큼 다가왔다. 이에 따라 외교 유연성 전략도 보다 다양하게 구상되어야 한다.

외교 유연성의 실천과제: 대미, 대중, 대일전략과 중간국가 연합

2021년 한미 정상회담은 외교 유연성을 시험하는 첫 번째 과정이었다. 결과는 성공적이었다. 공동성명서에 중국에 대한 견제 논리를 보편적 가치와 원리 수준으로 조정한 것이 그 증거일 것이다. 중국에 대한 한국의 특수한 관계를 미국이 인정했다는 것은 한국 외교 유연성 전략의 결과물인 셈이다. 동북아에서 한국은 중국과 일본 사이에 놓인 중간국가$^{middle\ power}$다. 주변국들의 '밀고 당기는' 전략 게임에 더이상 흔들리며 휘청거리는 국가가 되고 싶지 않다는 것은 희생과 고통의 오랜 기억에서 비롯된 신념과 같은 것이다. 미국 입장에서는 동북아 중추국가$^{pivot\ state}$인 한국을 미국 전략구상의 파트너로 유지하는 것이 자국의 전략적 이익에도 도움이 될 것이다. 중간국가와의 관계 강화를 통해 지역의 '중간'을 튼튼히 한다는 의미가 있다. 19세기 유럽의 경험에서 보듯, 중부 유럽$^{Mittel\ Europa}$이 튼튼해야 지역 전체가 안정될 수 있다. 취약한 중간 지대는 주변 강국들의 팽창 유혹을 자극하기 마련이다. 중간 지대가 튼튼하고 안정적이어야 적대적 세력균형 구도가 조성되는 것을 피할 수 있다. 그러려면 중간국가가 지역 안정을 위해 다양한 대안을 '유연하게' 실천할 수 있어야 한다. 그런 의미에서 미국의 굳건한 의지와 한국의 외교 유연성의 결합은 지역 안정을 위해 대단히 적절한 협력 전략이다.

외교 유연성 전략을 더 광범위하고 다양하게 모색하면서, 시의적절하게 실천해야 하는 일이 향후 한국에게 주어진 과제다. 한반도 평화공존이 안정적으로 작동하지 않으면 동북아가 안정되기 힘들다. 우선, 남-북-미 관계를 선순환 삼각 구도로 전환하는 일에는 한국의 능동적 역할이 필수적이다. 특히 북한에 대한 한미 공동관여 전략이 작동하려면 한미 간 적절한 역할 분담이 필요하다. 정책 조정에 기반하되 한국의 능동적 스탠스가 매우 중요해질 것이다. 트럼프 행정부 시기 '워킹그룹' 논란에서도 확인했듯이 정책 공조 과정이 일방적이 되어버리거나 변질되어 버리면 동맹 관계에서도 건설적 역할 분담이 불가능해진다. 그러므로 한국 외교 유연성은 한반도 평화를 위해 필연적 선택이다.

외교 유연성 실천전략을 적극 고려해야 할 배경에는 점점 심화되는 미중 전략경쟁이 있다. 미국과 중국의 행동과 의도를 면밀히 독해하는 작업은 필연에 가깝다. 여기에 따라 한국의 미래전략 선택지로서 동맹전략의 발전 방향, 그리고 다자안보협의체 구상과의 결합 가능성도 구상해 둘 필요가 있다. 아울러 미중 전략경쟁을 어떤 용어와 개념으로 설명하느냐가 매우 중요하다. '신냉전'이라고 명명^{命名}하는 것이 과연 적절한가의 문제도 포함된다. 이것은 유추, 혹은 추론^{analogy}의 인식 과정과 직결되어 있다. 유추 혹은 추론은 과거에 일어났던 유사한 사건(현상)을 소환하여 그 틀 속에서 현실을 규정하려는 인지 작용의 하나다. 복잡한 현상을 앞에 두고 우선 지름길$^{short-cut}$을 선택하려는 인식 경향과 무관하지 않다. 만약 오늘날 미중 대결의 성격을 50~60년대 미소 대결의 경험에서 추론하게 되면 이익과 기술 패권을 둘러싼 대결 구도가 이념과 가치대결로 환원되어 인식될 위험성도 없지 않다. 미중 대결 구도를 어떻게 규정하고 명명하느냐에 따라 한국 대외전략의 대응 방식은 당연히 영향을 받게 된다. 선택 강제 담론도 이념 혹은 가치 대결 일변도의 렌즈로 보려는 경향과 무관하지 않다고 보인다.

주변국들에 대해서도 때로는 의연하게, 때로는 유연하게 이익과 가치들을 결합하여 외교전략에 포진시켜야 한다. 대미 외교와 마찬가지로 대중 외교도 한국 외교 유연성을 반복적으로 시험하는 무대가 될 것이다. 중국은 강국의 정체성의 함정에 빠지는 경우가 있다. 강국으로서 소국^{小國}을 다루는 듯 경제적 수단의 보복 카드를 자주 만지작거리는 경향이 없지 않다. 이웃 나라 중국과의 오랜 관계를 통해 한국인에게 축적된 전략적 지혜는 의연하되 유연해야 한다는 것이다. 한반도 및 동북아 지역 안정을 위해 중국에게 무엇을 요구하고 어떤 합의점을 모색할지가 관건이다. 특히 양국이 공유하고 있는 경제적 이익과 더불어 보편적 국제질서 가치를 병렬적이고 균형적으로 결합하는 전략을 모색해야 중국에 대한 한국 외교의 유연성 공간을 확보할 수 있다.

일부 국가들이 주장하는 가치만을 내세워 경제적 이익 추구를 의도적으로 배제할 이유는 없다. 시장은 시장의 논리로 움직인다. 경제적 이익을 정치적 이념적 가치가 반드시 보장하지는 않는다는 뜻이다. 우스갯소리겠지만, 민주주의 국가에서 생산된 반도체에서 민주적 가치는 찾을 수는 없다. 그 반대의 경우도 마찬가지다. 세계는 기술과 이익을 중심으로 공급망의 네트워킹이 복잡해지고 파편화될 것이다. 중국 중심의 이익 네트워크에만 가입할 수도 없지만, 그렇다고 미국 중심의 이익 네트워크에 '가치'를 이유로 배타적으로 가입할 수도 없다. 궁극적으로 어느 한 편의 선택이 다른 대안을 사라지게 만드는 상황은 피해야 하며, 그런 상황을 자초하지 않는 것이 중요하다. 그런 의미에서 '선택 강제'는 한국 스스로 돌파해야 할 목표이기도 하다. 일부에서는 한국 외교를 '전략적 모호성'이라고 비난조로 묘사하기도 하지만, 외교 유연성의 시각에서는 이는 '전략적 신중함^{strategic prudence}'이고 '전략적 지혜^{strategic wisdom}'의 개념이다.

이웃 국가인 일본에 대해서는 지역 미래를 위해 협력 노력을 지속적으로 강구해야 하지만 지역 진영화 구도 형성을 막는 일도 중요하다. 한미동맹을 미일동맹의 하부 구조로 간주하려는 일본측 구舊시대적 인식은 더이상 수용하기 곤란하다. 한일관계를 군사동맹의 목표로 접근하려는 태도는 단연코 거부해야 한다. 한-미-일이 군사적 결합이라는 이미지를 가지는 순간, 반중反中 연합의 성격을 띠게 되고 동북아에서 진영화 구도를 촉발시키는 요인이 될 수 있다. 즉 한-미-일 삼각 협력의 진행 방식과 협력 목표에 대해 한국측 버전으로 대응하는 것이 필요하다. 우리의 이익과 지역평화를 위해서다. 일본에 대한 투트랙 전략은 그런 의미에서 여전히 유효하다. 또 세계 자본주의 체제에서 일본 경제의 하변부로 편입시켰던 1960년대 국교정상화 시기와 비교하면 지금 한국 경제의 능력은 너무 달라졌다. 2019년 아베 정부의 대한 수출규제 결정은 오히려 한국에게 1960년대 구조에서 탈각하는 기회가 되었다. 역사, 외교, 평화, 그리고 경제협력 등 다양한 분야에서 한국은 더 자신감 있게 설득 논리를 강화해 가야 한다.

한미관계, 한중관계 혹은 한일관계의 양자 관계 영역 외에 동북아 역내 국가들을 '소다자주의' 전략으로 접근하는 경우에도 외교 유연성이 필요하다. 이런 경우 외교 유연성의 핵심은 관련국들과 '선순환 구조'를 만들겠다는 의지다. 중국이나 일본을 포함하는 3자 혹은 4자 네트워킹의 경우, 악순환 구조가 만들어지면 불필요한 비용이 발생할 수 있다. 한국으로서는 그런 방식을 자초할 이유가 없다. 남-북-미, 한-중-일, 혹은 남-북-중(일)의 3자 대화를 작동시킬 경우, 한국 외교가 협력 촉진자로서 역할을 확대해 가는 것이 필요하다. 소다자 네트워크에서 파열음이 확산되면 동북아 지역질서 전반이 불안정해질 우려가 있기 때문이다. 협력 증진을 통해 이익공유 범위를 확장해 가는 전략이 역내 질서 안정화에 관건이 될 것이다. 다만, 소다자 연대의 목표가 역내 진영화 구도를 증폭시키게 될 경우에는 전략적 신중함이 오히려 유효한 선택 대안이 될 수 있을 것이다.

동북아 중간국가로서 안보 능력을 강화해 나가는 노력은 결코 포기할 수 없다. 그러나 한국의 그러한 의지가 지역 군비 경쟁을 발화發火하는 행위로 해석되는 것은 전략적으로 통제해야 한다. 안으로 힘을 길러가는 노력을 포기할 이유는 없다. 오랜 약소국의 경험이 준 교훈의 하나다. 자강론의 의지는 외교와 조화를 이루어야 한다. 내강內剛이 외유外柔와 함께 작동해야만 장기간 국가전략으로서 유지될 수 있다. 더불어, 동북아 다자안보협의체 구상과 양자 동맹을 전략적으로 병행시키려는 논리도 필요하다. 동북아 지역의 안보 아키텍처는 항상 전략적 사유의 목록에 포함되어 있어야 할 것이다.

지역 수준에서는 물론, 글로벌 수준의 다자주의 협력 원칙을 유지하는 것은 매우 중요하다. 그러나 정치경제적 네트워킹에 결사結社하는 방식과 합류 시점에 대해서는 다양한 포석들을 준비해야 한다. 다자주의 네트워킹 참여는 양자택일적 결정 사안이 아니다. 인도·태평양 구상에 신남방정책을 결합하듯이, 중국의 일대일로一帶一路 구상과 한국의 신북방정책 또한 접합점을 찾을 수 있을 것이다. 이럴 때 전제되어야 하는 것은 이익의 포괄성이어야 한다. 혹은 양득론兩得論의 이치를 적용할 수 있어야 한다. 다자주의의 원칙은 참여국들의 공유 이익 확대를 위한 것이다. 다자주의의 개방성과 포괄성은 외교 유연성 원리와 일맥상통한다.

미중 경쟁 구도의 사이에 '낀' 중간^{middle}국가들의 연대를 모색해 나가는 전략도 외교 유연성 추진 과정에서 중요한 이슈다. 미중 경쟁이 격화되면서 지불해야 할 비용은 미중 두 국가만의 문제가 아니다. 글로벌 차원에서 대부분 국가들이 공동부담을 지게 된다. 미중 경쟁이 아무런 제어장치

없이 격돌로 직행하는 것은 지구 차원의 문제다. 완화시키려는 노력이 가능하다면 그것은 제3지대 국가들의 몫이다. 그 과정에 한국 외교가 역할을 담당해야 한다는 의미다. 결국, 이익을 확장하고 비용을 줄이기 위해서다. '허브국가' 담론은 한국에게 새로이 부여된 역할이다. 이익과 가치, 물류 또는 소통의 균형자로서 역할일 것이다. 다양한 연결망의 가운데 지점에 서게 되면 기계적 균형이 중요한 원리가 아니라 전략적 판단이 중요해질 것이다. 공존과 공동번영을 위한 전략이어야 한다. 이 역시 외교 유연성의 실천 없이는 불가능하다.

세계 시장에서 한국의 이익을 적극적으로 모색해 가는 일은 한국 기업들의 혁신적 경영과 국가의 유연한 전략이 상호보완적이고 협업 관계여야 가능하다. 결국, 외교 유연성 전략은 국제사회에서 더욱 광범위한 협력과 연대의 네트워크를 만들기 위한 우리의 노력이다. 갈등보다는 안정과 협력의 환경이 우리에게 더 많은 기회를 제공할 것이기 때문이다. 그런 의미에서 외교 유연성은 한국의 미래를 결정하는 '시대의 전략'이라고 불러도 크게 틀린 말은 아니다. 한국의 근·현대사 행로에서 주요 변곡점마다 국제정치 동력이 한국과 한국인의 운명을 결정해 왔다는 사실을 염두에 둔다면, 한국의 미래 또한 외교전략 성패에 따라 결정될 것이다.

"2021년 한미 정상회담과 한국 외교의 비전: 외교 유연성의 전략적 과제를 중심으로" 『국가전략연구』 3호 (국가안보전략연구원, 2021)를 고쳐 쓴 글이다.

외교 유연성과 피버팅 전략

*"국제정세의 상황변화에 따라 다양한 대안을 가지고
유연하게 대응하려는 순발력이 피벗국가의 외교전략이어야 한다."*

피버팅 전략은 투트랙 접근법, 소다자주의 전략, 공동체 담론과 더불어 한국 외교가 더 치밀하게 모색해야 할 유연성 전략의 하나다. 외교 유연성은 변화하는 환경에 대해 다양한 외교전략적 대안으로 대응하려는 태도를 뜻한다. 국가 이익을 추구하는 과정에 하나의 방식, 하나의 가치만이 지배적으로 작동할 수 없기 때문이다. 변화하는 상황에 '유연하게' 대응하는 방식의 하나가 피버팅 전략이다.

동북아에서 한국의 전략적 좌표를 두고 흔히 피벗국가 $^{pivot\ state,\ 중추국가}$라고 부른다. 주변 국가들에 비해 국가 크기나 국력은 상대적으로 약하지만, 전략적 위치가 주는 조건 때문에 지역 국제정치를 결정할 수 있는 위상을 가진 그런 국가다. 예컨대 피벗(중추)국가가 만약 어느 한 편으로 편승하기로 결정하면 지역 전체의 전략판이 그 방향으로 기울어지면서 지역질서에 큰 변화가 일어날 수 있다. 그런 무게를 가지는 국가가 피벗국가다. 한반도는 동북아 국제정치에서 전략적 민감성이 높은 지역이다. 근대 이후 주변 국가들이 그렇게 인식해 왔고, 이에 따라 한반도에 가해진 외압의 강도도 더불어 높아졌다. 주변국들은 한반도에 대한 독점적 지배를 위해 전쟁을 치르기도 했고, '나누어서 통제'하려는 관리 방식$^{divide\ and\ rule}$을 적용하는 결정도 서슴지 않았다. 한반도가 갖는 지역 국제정치의 중요성은 앞으로도 크게 다르지 않을 것이라고 전제하면 현시점 동북아의 피벗국가는 한국이다. 이는 한국 외교전략이 가지게 될 잠재적 무게감을 의미하기도 한다. 한국의 결정에 따라 동북아의 전략 지형이 크게 요동칠 수 있다. 이러한 피벗국가의 외교전략이 피버팅 전략이다. 따라서 좀 더 심층적 연구가 필요한 주제가 피버팅 전략이다. 한국 외교로서는 당면한 문제이기도 하다.

피벗국가의 개념

피버팅 전략을 논의하기 위해 먼저 피벗국가(지역) 개념부터 살펴봐야 한다. 피벗의 사전적 정의^{定義}는 '회전 혹은 균형을 잡는 것에 도움을 주는 고정된 지점$^{a\ fixed\ point\ supporting\ something\ that\ turns\ or\ balance}$'이란 뜻이다. 다소 의역해서 사용할 경우, '특정 상황에서 가장 중심적이고 중요한 사람 혹은 사물'이라는 의미로 쓰인다[3]. 전자의 정의에서 주목해야 할 핵심 단어는 '고정된 지점', '회전', '균형' 등이다[4]. 후자의 정의에서 유추할 수 있는 피벗의 의미는 '미래에 일어날 변화'를 상정한 '잠재된 중요성'이다.

국제정치에서 피벗국가(지역)라는 개념도 이와 크게 다르지 않다. 국제정치 질서에서 국가 간 세력 분배와 안정성에 변화를 야기할 수 있는 지점을 피벗지역$^{pivot\ area}$이라 불렀다. 세력균형뿐 아니라 이익(배분) 구조에 나타날 수 있는 변화다. 위의 사전적 정의에서 유추할 수 있듯이, 상황변화 과정에 '가장 중심적이고 가장 중요한' 행위자가 피벗국가다. 피벗국가(지역) 개념이 국제정치 이론 영역에서 거론되기 시작한 것은 20세기 초 지정학^{geopolitics}

이론의 등장과 깊은 관련이 있다. 지리적 조건과 정치적 판단의 관계를 다루는 학문 영역이 지정학이다. 20세기 초, 지정학의 태두였던 핼퍼드 매킨더*Halford MacKinder*가 세계 정치 변동을 피벗국가(지역)와 관련하여 지정학 이론을 전개해 갔던 것도 그런 배경에서였다[5]. 이른바 세계 정치의 '심장부 이론*Heartland Theory*'이다. 심장부를 지배하게 되면 세계를 지배할 수 있다는 전제다. 여기서 '심장부*heartland*'와 피벗이라는 단어는 같은 뜻으로 사용되었다. 이후 많은 국제정치학자들은 다양하게 피벗국가론을 논의하였다.

피벗국가론은 이익권 혹은 이익 범위*spheres of interests*라는 개념과 함께 설명되어 왔다. 이익권 개념은 주로 강대국의 시각을 반영해 왔던 전통적 국제정치학 이론에서 자주 거론되었던 개념이다. 이론 영역뿐 아니라 외교 현장에서 일반 용어로도 자주 사용되었다. 다른 강대국들에 비해 자국의 이익을 더 확실하게 보장받을 수 있는 지리적 공간, 혹은 특정 지역을 이익권이라고 불렀다. 다양한 영향력을 효율적으로 투사하여 자국의 이익을 보다 용이하게 확보할 수 있을 때, 그 지역은 '자국의 이익권에 속한다'라고 판단하는 것이다.

이익권 개념은 제국주의 외교사에 자주 등장했던 '세력권*spheres of influence*'이라는 개념과 밀접하게 관련되어 있다. 이익권과 세력권은 별개의 개념으로 구분되기도 했고 때로는 혼용되기도 했다. 굳이 구분하자면 세력권이 보다 확실한 지배보호국이나 식민지 확보 상태를 의미하는 것이었다면, 이익권은 그보다 느슨한 통제의 의미로 사용되었다. 제국주의 시대의 국제정치에서는 누가 더 넓은 세력권을 형성하느냐가 그 시대 국가 간 경쟁의 핵심 동력이기도 했다. 식민지 경쟁은 그러한 배경에서 가열되었다. 반면, 이익권 개념은 세력권 개념에 비해 상대적으로 완화된 영향력 투사 방식과 더 관련이 있다. 완화된 수준이란 개입^{commitment}의 강도가 낮다는 뜻이기도 하다. 두 개념 모두 공간^{topos}에 대한 정치적 판단과 계산이라는 전제에 기반한 20세기 지정학 개념이다. 자국의 정치, 경제, 안보의 영향력을 상대적으로 효과적으로 투사할 수 있는 지역을 염두에 두었기 때문에, 국경선을 나누고 있는 국가들로부터 가해지는 압박$^{border\ pressure}$이나 지리적 근접성$^{geographical\ proximity}$과도 개념상 깊은 관련이 있었다. 19세기 말, 일본 메이지 정부의 정책결정자들이 주권선과 이익선으로 전략개념을 설정하고 그 이익선 범위 안에 한반도를 포함시켰던 것이 하나의 예라 할 수 있을 것이다.

국제정치는 국가들이 이익을 두고 경합하고 조정하는 게임이다. 제국주의 국제정치 시대는 '누가 어떤 지역을 지배하느냐'가 주제였다면, 현대 국제정치는 '어떤 방식으로 (자국에게) 유리하게 이익을 확보할 것인가'의 질문을 두고 전개된다. 이익권의 경합과 조정은 결국 이익 배분 문제다. 국가들의 다양한 이익이 복합적으로 얽혀 있는 현대 국제정치 환경에서 특정 지점에 대한 이익을 어떤 한 국가가 배타적으로 독점하는 것은 불가능하다. 따라서 이익권을 두고 벌어지는 경합은 '어떻게 이익 배분 구조를 설정할 것인가'의 질문이기도 하다. 그런데 몇몇 국가들의 이익 범위가 중복되어 외교적으로 경합 강도가 높아지는 지점도 존재할 수 있다. 만약 사활적 이익$^{vital\ interests}$이라고 규정이라도 하면 경합 강도는 더욱 높아진다. 피벗국가는 강대국들의 이익권이 매우 민감하게 중첩되어 있다는 조건, 그 같은 판단으로부터 국제정치적 역할이 부각된다. 핵심 논제는 피벗국가들의 지정학적 위치, 그 위치에 놓인 국가에 대한 주요 강대국들의 이익론적 판단, 그리고 피벗국가 자신이 보유한 전략적 자산 등이다.

외교전략으로서 피버팅

흥미롭게 살펴봐야 하는 점은 피벗국가의 외교전략으로서 피버팅에 관한 개념 정의다. 피벗, 피버팅은 일반적으로 농구 경기의 용어로 많이 사용되어 왔다. 공을 잡은 선수가 한 발을 지면에 붙이고 다른 한발을 자유롭게 움직이는 동작을 피버팅이라고 부른다. 워킹 반칙 *walking/travelling violation*을 피하기 위해서다. 피벗 동작을 하면서 우리 편 선수들의 위치를 확인하기도 하고 상대편 선수들 동작을 간파한다. 그런 다음 슈팅, 패스, 혹은 드리블링과 돌파를 시도할 것인지 등의 2차 동작을 결정한다. 요컨대 피버팅은 '중요한' 2차 행위를 위한 일종의 예비 동작인 셈이다. 아울러 한 발을 고정핀으로 두지만 다른 한발을 '자유롭게' 움직여야 한다는 점에서 피버팅 동작의 핵심은 '유연성'일 수밖에 없다.

대부분의 피벗국가 이론에서는 주로 강대국들의 시각에서 피벗국가를 어떻게 인식하고 어떻게 전략적으로 다룰 것인가에 초점이 맞추어져 있다[6]. 어떻게 다룰 것인가에 따라 강대국들의 세력 판도, 자국의 사활적 이익이 영향을 받게 된다고 간주하기 때문이다. 이런 논리로는 피벗국가 자신의 의도나 구상, 능력은 상대적 피동성을 전제하는 경향이 있다. 그러나 피벗국가 스스로의 전략적 판단, 즉 어떤 강대국들과 합종연횡하며 어떤 방식으로 결사할 것인가, 혹은 어떤 국가나 진영으로 경사 행위를 취하느냐, 아니면 개입과 연루를 회피할 것인지 등의 질문은 피벗국가 이론에서 핵심적 논제가 되어야 한다. 세력 균형 구도나 이익조정 구도에 영향을 미치고 싶은 피벗국가 스스로의 전략적 판단을 설명의 대상으로 간주해야 한다는 뜻이다.

여기서 이익이란 대개 안보적·군사적 이익, 경제적 이익, 사회문화적 이익일 것이다⁷. 경제적 이익의 배분 구조는 주로 무역 협정 방식으로 나타나고, 사회문화적 이익 배분은 교류협력 방식으로 측정된다. 문제는 안보 이익 배분이다. 안보 영역에서 결사는 주로 동맹이나 무기 이전으로 나타난다. 이를테면 피벗국가가 안보 이익 영역에서 동맹 방식의 결사를 결정하게 되면 그것은 지역질서 구조에 큰 영향을 미치게 된다는 점은 명백하다.

지정학적 조건이 피벗국가들에게 '주어진' 조건이라면, 외교 행위는 '취해야 할' 피벗국가의 조건이다. 핵심은 피벗국가 스스로가 가지는 의도intentions와 능력이다. 피벗국가의 능력이란 강대국들의 판단 혹은 이익에 영향을 미칠 정도의 '전략적 자산strategic goods'에 관련된 것이다. 관련 국가들의 이익 조정과 공유, 배분에 영향을 미칠 정도의 전략적 자산이다. 피벗국가가 전략자산을 갖지 못하면 관련 강대국들은 관심을 갖기 어렵다. 그리되면 '피벗'의 전략적 의미가 희석된다. 의도는 외교정책 행위의 대안과 관련된 것이며, 행위의 전략적 판단에 관한 것이다. 특정 국가와 연합할 것인지 거리를 둘 것인지, 강대국들의 상호견제를 이용할 것인지, 아니면 회피하여 강대국들 이익 경합 게임에 관여하지 않는 전략을 취할 것인지의 대안들이다. 이를 개념적 카테고리로 분류하자면 편승 동맹, 균세(강대국 간 상호견제 심리를 활용한 이이제이以夷制夷 전략), 균형 동맹, 그리고 개입 회피 전략 등이다⁸.

피버팅 전략은 피벗국가의 외교전략이다. 위에서 언급한 바와 같이 결합(동맹)과 이탈(회피) 사이의 스펙트럼에 다양한 전략적 선택이 존재한다. 그렇다면 피버팅은 어떻게 정의되어야 할까? 이 주제를 다루었던 헤이그 전략문제연구소에서는 피버팅 개념을 강대국들 이익 중첩지역으로 '이동'하는 전략이라고 정의한다. 즉 관련국들 간 상호 견제 심리 활용을 활성화하기 위해 기존 일국과의 양자적 연대로부터 이탈하여 전략적 포지션을 옮기는 행위가 피버팅이라는 것이다. 관련 강대국들의 상호 견제심리를 이용하려는 균세전략 지점으로 이동을 의미한다. 아울러 그러한 균세의 포지션에서 다시 이동하여 다른 강대국과 긴밀한 양자적 연대를 맺는 것을 'Pivoted'의 개념으로 정의한다. 이를 그림으로 나타내면 다음과 같다[9].

〈그림 1〉

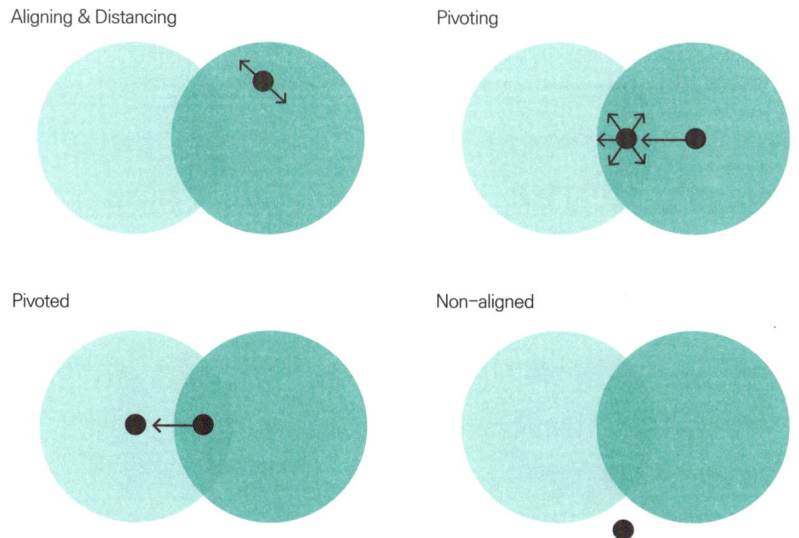

이러한 개념 구분은 흥미롭기는 하나 이념적 형태$^{ideal\ type}$의 국가 행위를 전제하고 있다. 즉 현실에서는 실제로 쉽게 발생하는 일이 드물다는 것이다. 위의 개념 구분에 따르면 예컨대 'Pivoting'이나 'Pivoted' 개념은 모두 양자연대 방식과 관련이 있다. 기존 양자연대로부터의 이탈이거나 새로운 연대의 형성으로 설명하고 있다. 그러나 양자연대가 동맹 방식을 띠고 있을 때는 이론적 설명만큼 이동이나 변경이 쉽지 않다. 위험 감수$^{risk-taking}$의 비용이라는 현실적 문제가 놓여 있다. 동맹은 체결 후 동맹 유지의 메커니즘이 다양한 방식으로 작동한다. 더 나아가, 동맹 방식을 포함한 양자연대를 제도적으로 유지한다는 것이 반드시 외교전략의 결핍을 의미하지는 않는다. 동맹을 유지하면서도 피버팅을 통해 외교 영역의 전략적 공간은 얼마든지 확장할 수 있다.

중요한 점은 또 있다. 피버팅 개념을 더 넓게 볼 필요가 있다. 농구 경기에서처럼 피버팅이 한 발을 지면에 닿은 상태에서 취하는 행동을 의미한다면 지면에 붙인 한 발을 최종적으로 움직이는 경우, 오히려 피버팅의 전략적 유효성은 더이상 작동하기 어렵다. 특히 양자연대를 이탈하기 위한 목적으로 중심축을 움직이게 되면 지역 권력 구조 혹은 안보 메커니즘의 재편은 불가피하게 된다. 그런 의미에서 중심축을 이동하여 전략적 포지션을 변경하는 결정을 피버팅 전략의 핵심이라고 규정하기는 어렵다. 오히려 이런 상황은 '피버팅 전략의 최종 변경'이라고까지 규정할 수 있을지도 모른다. 그런 의미에서 본다면, 피벗국가가 동맹양자연대를 맺고 있든 혹은 이익 중첩 범주 속에 위치하든 기존 포지션에 상관없이 피버팅 전략의 개념이 정의되어야 한다.

핵심은 지정학적 위치가 주는 중요성, 위치 변경이 주는 잠재적 임팩트, 그리고 피벗국가 자신의 의지와 능력에 관한 문제이다. 그런 의미에서 중심축이 되는 스텝을 옮기기 직전까지의 다양한 전략적 구상과 실천을 피버팅으로 불러야 마땅하다. 피버팅은 전략적 포지션을 '언젠가는' 변경할 수 있다는 가능성을 염두에 둔 피벗국가의 전략적 행동이다. 중심축이 되는 기존 전략은 쉽게 변경하지 않으면서 행동 반경을 확대하겠다는 의도이기도 하다. 역설이지만 '중심축의 스텝을 옮길 수는 있으나 지금은 옮기지 않

〈그림 2〉

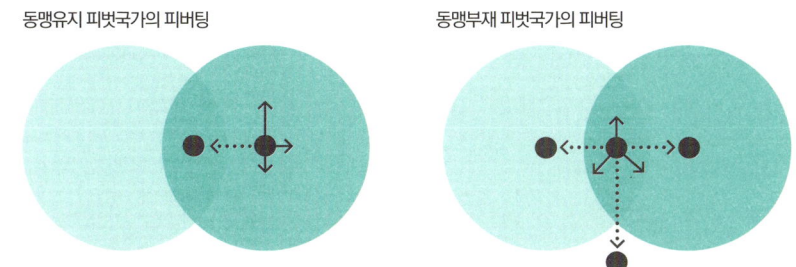

겠다'는 전략이 피버팅 전략인 것이다. 동맹을 유지하고 있는 피벗국가와 동맹 관계가 없는 피벗국가들의 피버팅 전략은 범위와 행위가 다르게 나타날 수밖에 없다. 이를 그림으로 표시하면 위와 같다.

한국 외교의 실천전략으로서 피버팅

동북아 국제정치의 '심장부'에 놓인 한국의 전략구상은 한반도의 미래는 물론, 동북아 지역 전체의 미래상에도 기대한 영향을 미치게 될 것이다. 따라서 이 지역에 사활적 이익을 가진 관련 국가들은 한국의 전략구상과 실천을 예의주시할 수밖에 없다. 동북아 권력 구도의 판을 변형시킬 결정적 전략 실천의 시점이 오기 전에 피벗국가 한국이 취해야 할 외교전략은 무엇이어야 할까?

우선, '미결정성 전략'이어야 한다. 미래의 어느 시점에 지역 구도 전반의 변화를 가져올 결정을 할 수도 있다는 의지를 견지하는 것이 중요하다. 즉 언젠가 중심축의 스텝을 옮길 수 있지만, 그것이 '지금인지 혹은 미래일지'를 명시하지 않는 전략적 신중함을 유지하는 것이 필요하다. 앞서 언급했던 대로 중심축이 되는 스텝을 옮기게 되면 지역 구도와 질서가 크게 변화할 수밖에 없다. 변화를 야기할 수 있을 정도의 임팩트 잠재성이 피벗국가의 전략적 자산이다. 그러므로 중심축을 변경할 수 있다는 의사를 수시로 표명하는 것이 중요하다. 실제 중심축을 변경하느냐 변경하지 않느냐는 핵심 논제가 아니다. 그럴 가능성을 발신한다는 것이 핵심이다. 그 과정에서 피버팅을 충분히 수행해야 한다는 뜻이기도 하다. 농구에서 피버팅 동작을 충분히 하지 않고 공간을 확보하지 않은 채 무리하게 슈팅을 시도하면 열이면 열 다 빗나가게 되어 있다.

둘째, '다변성의 전략'이다. 피벗국가에게 주어진 전략 대안은 대략 • 결합^{align} 강화 • 네트워킹^{association} 강화 • 경사^{leaning} • 거부^{reject} 등으로 범주화할 수 있다. 중심축을 무엇으로 설정해 두느냐에 따라 피버팅 스텝들의 전략이 결정된다. 즉 이슈 영역에 따라 중심축과 가변적 스텝들의 전략적 대안들이 다양하게 결합될 수 있다. 그 다변성의 방식에 기반하여 피버팅 전략이 구상되고 실천되어야 한다는 것이다.

이를테면 안보 영역에서 중심축으로 '동맹'을 린치핀으로 간주할 때, 이것과 결합할 수 있는 가변적 전술들은 •동맹강화 •다자안보협의체 구상 •동맹유연화 •군사주권 강화 등의 대안과 결합되어 스텝들을 움직일 수 있어야 한다. 동맹 그 자체가 불변의 목표는 아니지만, 동맹을 해체하는 과정의 비용 부담 또한 만만찮다. 한국의 안보, 한반도의 평화 유지를 위해 동맹을 적극 활용할 필요가 있다. 그러나 중심축인 동맹과 결합할 수 있는 다양한 대안들도 동시에 고려되어야 한다. 병렬적 결합 방식인 셈이다. 그 움직임의 공간에서 외교 유연성이 발휘된다.

경제통상 영역에서는 중심축이 '이익 확대' 담론이라면 이와 결합할 수 있는 대안들은 •공유이익 확대 •이익 배분 구조에서 상대적 이익 확장

•이익 침해 방지를 위한 처벌^{punishment} 등이다. 국제관계에서 경제 이익의 확보는 '물질적 번영'이라는 국익의 기본 목표와 일치한다. 그러나 자국만의 독점적 이익 확보는 불가능에 가깝다. 타국과 이익을 공유한다는 목표를 가질 때, 조정과 협상이 가능하다. 다만 이익 배분 구조에서 우위를 가지려고 노력하는 것이 국가의 일반 행동이다. 국제관계에서 일방적으로 '은혜를 베푸는' 식의 이타주의적 행위는 존재하기 어렵다. 불공평한 상호작용으로 손해를 입게 되는 경우가 발생할 때, 많은 국가들은 상대방 국가에게 페널티를 부과하려 시도한다. 협상 재조정을 위해서이기도 하고, 미래 이익을 보호하기 위해서 취하는 조치들이다.

다른 하나, '평화'를 중심축으로 설정할 때는 •화해와 협력 •동맹 협력 •억제전략^{deterrence} 강화 •군비 통제 •시장 이익 확대 등의 전략과 결합하는 방식을 고려할 수 있을 것이다. 평화에 이르는 방법은 이론적 영역이나 실천 영역에서 하나로 단순화되어 있지 않다. 현실주의 접근법, 절충주의 접근법, 자유주의 접근법, 그리고 이상주의 접근법으로 나뉘어 있다. 다양한 평화전략의 선택적 혹은 복합적 운용을 위해서 피버팅의 복합전략이 고려되어야 한다.

2021년 한미 정상회담과 피버팅 전략

이론적 관점에서 볼 때 피벗국가의 전략구상은 중심축을 결정적으로 변경하기 이전까지의 전략은 무엇이어야 할까의 고민으로 귀결된다. 결정적 시점이란 피벗국가의 판단과 실천 때문에 지역 균형이 근본적으로 변경되는 그런 지점을 의미한다. 동북아 심장부에 위치한 피벗국가 한국으로서도 미래의 어느 시점에 그 같은 고민을 본격적으로 해야 할 시기가 올지도 모른다. 미국 영향력의 상대적 쇠퇴, 중국의 급부상이라는 구조적 변동은 주요 관찰의 대상이지만, 미국과 오랜 기간 동맹을 맺고 있는 한국으로서 아직은 그 결정을 서둘러야 할 정도의 조건은 만들어지지 않은 듯 보인다. 글로벌 권력 구조의 변동, 그것이 지역적 권력 구조의 변동 과정에 미치는 영향을 예의주시하고 숙고 끝에 결정을 내릴 수 있어야 한다. 그 이전까지 면밀히 독해해야 하는 것은 미-중 권력 구조 변화뿐 아니라 이 전환기 동안 드러나게 될 주변국들, 즉 일본, 러시아, 북한의 전략 판단들이다.

미중 전략경쟁이 점차 치열해지기 시작하면서 한국의 전략적 위상도 더불어 높아지고 있다. 대립하는 두 국가, 미국과 중국 모두에게 한국만큼 중요한 파트너는 없기 때문이다. 안보 영역 뿐 아니라 경제적 이익과 심리적 친밀도 등 거의 모든 영역에서 그러하다. 시사적 표현으로는 한국의 '몸값이 높아진' 상황이라 표현할 수 있다. 2021년 한미 정상회담이 보여주듯 미국은 한국의 전략적 중요성에 대한 판단을 배가한 듯 보인다. 동맹의 기존 영역을 한반도를 벗어나 미국의 인도·태평양 구상과 한국의 신남방정책의 결합^{align}을 모색하겠다고 발표했다. 보건 협력의 영역은 더 구체적 비전으로 발표되었다. 미국의 원부자재 공급과 한국의 바이오 생산역량을 결합하게 됨으로써 한국은 백신 공급의 허브 역할을 맡게 되었다. 기술과 투자, 우주 협력 영역까지 동맹의 범위를 확장하여 한미동맹의 새로운 장을 열게 되었다.

피버팅 전략의 관점에서 볼 때 2021년 한국은 한미관계를 강화하는 방향으로 '전략적 경사'를 시도했다. 그것이 피버팅 전략의 하나다. 공동선언문에 중국에 대한 언급을 자제하고 대만해협의 안정성에 대한 공동 인식을 밝히긴 했지만, 이번 한국이 보여줬던 행위는 명백히 미국에 대한 전략적 경사였다. 중국에 대한 스크럼 짜기에 한국은 반걸음 뒤에 선 형국이 되었다. 중국은 그러한 한국의 행보에 대해 공개적으로 반발하지는 않고 있다. 대만문제는 중국의 주권 문제라는 원론적 수준의 언급만 했을 뿐이다. 한국의 피버팅은 지금까지는 성공적 전략 판단이었다고 보인다. 그러나 중국이 어떤 방식의 더 강한 외압을 구사할지, 혹은 자국 편으로 견인하기 위해 어떤 인센티브를 제공할지는 여전히 미지수다.

문제는 두 가지로 집약된다. 왜 2021년 시점에 미국으로 전략적 경사라는 피버팅을 결정했을까? 그리고 그 다음 피버팅의 수순으로 어떤 전략들이 고려되어야 할까의 질문이다. 주지하다시피 피버팅이란 것이 하나의 동작만$^{one\ move\ only}$의 행동은 아니다. 첫 번째의 질문에 대한 개략적 답은 '국력 변화'와 국가의 '전략적 우선순위의 변동성' 때문으로 설명할 수 있다. 기존 동맹 관계를 확장시켜야 할 정도로 한국의 성장이 이루어졌다. 거기에 더하여 인도·태평양 구상을 통한 대중 견제 강화라는 미국의 전략적 우선순위와 한반도 평화구상의 재가동 모색이라는 한국의 우선순위를 적절한 방식으로 교환하려고 했기 때문이다. 동맹의 수준 상승과 협력 범위의 확장에 양국의 공동이익이 존재할 것으로 판단했다. 한미 간 공동이익을 확인하고 나누고자 결정한 것이다. 한국의 피버팅 전략은 그런 조건에서 가능해졌다.

일단 미국 쪽으로 전략적 경사를 결정한 후 '균형 유지를 위한' 다음 단계의 피버팅의 수순을 생각해야 한다. 앞서 피벗의 개념 정의에서 언급한 바와 같이 피벗의 핵심은 '회전'과 '균형'이다. 농구경기에서도 마찬가지지만, 피버팅 동작을 취하면서 넘어지지 않는 것이 중요하다. 미국에 대한 전략적 경사라는 피버팅 이후 다음 수순의 행보는 아직 예단하기 어렵다. 다만, 중국과의 협력적 관계를 강화하기 위한 방향으로의 또 다른 피버팅 움직임의 가능성을 염두에 두어야 할 것이다. 중국과 지리적으로 근접한 국가로서, 그리고 특별한 경제협력 관계를 유지해 왔던 한국으로서 현시점 중국과의 관계를 급속히 냉각시키거나 단절할 이유는 없다. 미국에 대한 전략적 경사를 오로지 '편승'이라고만 해석하여 반중 진영화 구도를 서두르게 되면 외교적 경직성 외에 달리 남을 것이 없다는 점도 염두에 두어야 한다. 피버팅 전략을 외교 유연성과 관련하여 봐야 하는 이유는 바로 그것이다. 한 번은 미국에 대한 전략적 경사를, 다른 조건 속에서는 중국과의 협력 강화를 시도하는 것이 외교 유연성이다. 그것이 피버팅 전략의 핵심이기도 하다. 외교적 압력은 불가피하게 상승할 수 있을 것이다. 그러한 압력을 유연한 외교전략으로 이겨내는 것도 필요하다. 피버팅을 전략으로 설정할 의도가 있는 이상, 견뎌내야 할 숙명이기도 하다.

한반도 평화공존을 위한 피버팅 전략

한국으로서 피버팅 전략에서 특별히 고려해야 하는 것이 한반도의 평화적 관리 전략, 즉 대북관계와 외교관계의 연관성 속에서 발휘되어야 할 피버팅 전략이다. 한반도 분단을 안정적으로 관리할 주책임자는 한국이다. 변동의 동력을 창발해 내는 것도 한국이어야 한다. 남북관계와 외교관계가 묶이는 방식은 다양하다. 남북미 삼각관계도 있고 남북중, 남북일의 삼각관계도 있다. 삼각관계의 경우, 두 가지 동력이 생긴다. 선순환 삼각관계와 악순환의 삼각관계다. 선순환은 평화와 안정, 공동번영의 기대감이 작동하는 삼각관계다. 반면, 악순환 삼각관계는 불신, 대립, 증오의 심리가 지배하는 관계다. 규범적 관점에서 선순환 삼각관계를 지향하는 것이 바람직하다. 현실의 비용 측면에서도 마찬가지다. 악순환 구도 속에 놓인 상황을 선순환 구도로 전환시키는 노력도 필요하다. 그럴 상황에서 피버팅 전략이 유용하다.

한반도 운전자론이 선순환 삼각관계 구동을 위한 대표적 피버팅 전략이었다. 운전자론은 한국이 한반도 관리의 주된 관리책임자임을 천명하면서 그 방향을 제안하고^{initiator}, 북미관계의 대화를 중재했으며^{mediator}, 신뢰구축 과정을 촉진시키려 했다^{facilitator}. 2019년 2월, 하노이 노딜의 시점까지 처음 두 가지 역할 수행은 상당히 훌륭했다. 그러나 하노이 회담이 노딜로 끝난 이후 2019년 한 해를 북미회담 과정을 인내하며 지켜보았다. 일각에서는 촉진자 역할에 제동이 걸렸다는 비판을 제기하기도 했다. 촉진자보다는 오히려 이해당사자로서 행위해야 하지 않았을까라는 자성적 성찰이 제기되었던 것도 사실이다. 그러나 공유 이익을 촉진함으로써 평화공존 질서로 전환하는 과정에 한국의 촉진자 역할은 여전히 중요하다. 이해 당사자이기 때문에 더더욱 촉진자 역할이 중요하다. 이 과정에서 한국의 피버팅은 미국과 북한을 대상으로 실천되어야 한다. 이 피버팅 전략의 핵심은 이익 기대감을 전이^{轉移}시켜 상승효과를 갖도록 만드는 것이다. 남북 간의 합의가 선행하고 그다음 수순으로 북미관계가 진행되도록 하는 구도를 만든 것을 한국의 입장에서 보면, 스텝 옮기기의 시간적 차이를 고려했던 일종의 피버팅 전략이었다. 문제는 북미관계 진행이 속도가 늦추어졌을 때 피버팅 재구동 기회를 모색하기가 2019년과 2020년 당시 현실적으로 어려웠던 점이었다.

남북관계와 외교관계의 결합 속에 한국이 취해야 할 피버팅 전략은 다양한 형식이 될 수 있다. 전제는 남북관계에서 대립 구조를 변경하지 못하면 외교는 냉전형 대립 구도 속에 묶이게 되고 그런 상황에서 한국 외교는 공간이 위축될 수 있다는 점이다. 전형적 악순환 구도가 그런 것이다. 외교전략을 다양하게 실천하고 싶다면 남북관계 영역에서 긴장 완화를 통해 '움직일 수 있는' 공간이 만들어져야 한다. 그 바탕 위에서 미중 사이에 혹은 중일 사이에서 소위 '균형외교'도 가능해진다. 그러지 못했던 나쁜 예로는 박근혜 정부의 균형외교 전략을 들 수 있다. 균형외교는 당시 시대적 과제였음에도 불구하고 효과를 제대로 발휘하지 못한 것은 남북관계의 악화에 원인이 있었다. 한국이 진영화 구도 속에서 빠져나오지 못하거나 오히려 강화하는 전략을 취하게 되면 외교 공간이 위축되는 것은 물론, 한반도 적대적 분단이 영속화될 가능성이 높아진다. 적대적 대립을 유지하면서 한반도를 안정적으로 관리하기는 쉬운 과제가 아니다. 남북관계를 이완시키거나 적대적 대립에서 평화공존으로 패러다임을 바꿔야 비로소 균형외교라도 실천할 수 있는 공간이 생긴다. 박근혜 정부는 구상과 실천이 엇갈린 방향이었다. 그 결과, '한반도 신뢰 프로세스'는 제대로 시동조차 걸지 못한 채 박근혜 정부는 '통일대박론'으로 전략구상을 옮겼다. 통일대박론은 북한 붕괴론의 다른 표현에 지나지 않았던 것이 문제였다. 남북관계는 경색되었고, 균형외교도 힘을 잃게 되었던 것이다. 한반도 평화공존 질서를 안착시키고 남북관계에서 일정 정도 자율 공간을 가지게 된다면 그것이 피버팅 전략을 유연하게 실천할 수 있는 중요한 자산이 될 것이다.

남-북-미의 삼각관계에서만 피버팅 전략이 작동할 수 있는 것은 아니다. 2018년의 경험을 개념적으로 확장한다면 다음과 같은 논의도 가능하다. 남-북-미 삼각구도를 선순환 구도로 만들기 위해서 중국을 어떻게 결합시킬 것인가의 구상에도 피버팅 전략이 필요하다. 한국으로서는 남-북-미,

남-북-중 두 개의 삼각형 가운데에 서서 스텝을 유연하게 움직일 필요가 있다는 뜻이다. 남-북-미 삼각관계와 남-북-중 삼각구도의 중간 지점에서 균형을 잡아가며 피버팅 전략을 구사할 수 있는 국가는 한국 외에는 없다. 상호견제 심리를 이용하는 것도 방법의 하나일 것이다. 다만, 핵심은 한국의 의사에 관계 없이 한반도 미래가 결정되어서는 안된다는 점이다. 소위 강대국 논리만으로 '한반도 문제를 처리'하겠다는 행태는 기필코 막아야 한다. 그런 경험은 한국이 겪었던 과거 경험만으로 충분하다.

외교전략과 대북전략 사이에 놓인 관계를 고려할 때 그 반대도 마찬가지다. 외교 환경 조성을 통해 북한을 움직이기 위해서라도 유연한 피버팅 전략이 필요하다. 한 번의 스텝이 미국이나 중국을 상대로 하는 것이라면 다음 수순의 스텝은 북한을 향해야 한다. 북한 행동을 변경시키기 위한 압박도 필요하지만 압박 일변도로는 경색 국면을 만들기 쉽다. 북한으로 하여금 이익에 대한 기대감을 갖게 만들어 견인하는 것도 필요하다. 북한을 '약속의 프레임' 속으로 유도하여 그 틀 속에 머물게 만드는 전략이 '관여' 전략이다. 이러한 피버팅 전략의 핵심은 유연성이어야 한다.

피버팅 전략과 외교 유연성

한국 외교가 피버팅 전략을 구사하려면 창의력과 순발력이 겸비되어야 한다는 것은 당연한 이치다. 국제정세 흐름에 대한 고정된 시선으로는 현상 유지$^{status\ quo}$만 되풀이하게 된다. 열린 시선으로 한반도의 미래를 구상하는 것이 중요하다. 한국에서 발신^{發信}하는 새로운 담론과 생각들이 동북아 미래 구상의 토대가 될 수 있다. 이것이 제안자 혹은 창안자^{initiator}로서의 역할이다. 창의력 못지않게 중요한 자산은 순발력이어야 한다. 일관된 외교

전략이 주는 장점도 없지 않다. 그러나 외교 담론의 가치가 보편성을 유지하면서 일관성을 가진다는 것과 외교 행위의 범위를 확장하여 선택지를 유연하게 모색하는 일은 반드시 같은 층위의 문제는 아니다. 국제정세의 상황변화에 따라 다양한 대안을 가지고 유연하게 대응하려는 순발력이 피벗국가의 외교전략이어야 한다.

경우에 따라 단단한 의지를 표명해야 할 경우도 생길 것이다. 위험을 감수하겠다는 결기를 발신해야 할 상황도 생길 수 있다. 그럴 때라도 피버팅 스텝의 대안 목록에는 위험 회피$^{risk-avoiding}$의 전략도 포함되어 있어야 한다. 보편적 가치에 대해 의연한 자세를 보여야 할 상황도 생기겠지만, 그 역시 피버팅 전략의 틀 안에서 환경 변화에 대한 민감성과 효과적으로 결합되어야 한다. '흔들리지 않는 나라'가 되겠다는 선언은 독불장군 방식의 무모한 고집을 의미하지 않는다. 환경적응력을 높여 아무리 어려운 도전이라도 유연하게 헤쳐나가겠다는 대응 의지를 뜻한다. 다양한 전략 대안을 포괄하여 그들 대안 사이에서 기동력 있고 기민하게 외교 공간을 확보하려는 피버팅 전략 없이는 불가능할 것이다. 정부가 다양한 선택을 대안으로 고려하고 행동 범위를 확대해 나가려 할 때, 국민들의 정치적 의사는 중요한 외교력의 자산이 될 것이다. 어떤 정부라도 외교전략과 관련하여 국민과 '소통'하기를 멈추지 말아야 하는 이유이기도 하다.

미중 권력 관계의 변화를 면밀히 독해하는 것도 피벗국가, 한국에게 운명적으로 주어진 일이다. 20년 혹은 그 이상 걸릴지도 모르는 미중관계 권력 구도의 변화가 확연해지는 시점이 오면, 그래서 피벗국가 한국이 스텝을 옮겨야 하는 시점이 오면 한국은 역사적인 결정을 해야 할지도 모른다. 지역의 심장부^{heartland}, 한국의 결정은 동북아 전체의 판을 변동시키게 될 것이다. 현시점에도 이미 한국은 그럴 정도의 전략 자산을 보유하고 있지만, 결정적 그 시점에 이르면 한국의 국력은 더 성장해 있을 것임에 틀림없다. 편승동맹과 균형동맹 중에서 선택할 것인지, 동맹전략과 다자안보협의체 구상을 결합할 것인지, 혹은 개입 회피의 중립화 전략이 더 유리할 것인지, 아직 어떤 결정도 속단하기 어렵다. 다양한 피버팅 전략을 통해 학습해 나가야 한다. 결정적 시기가 도래할 때 그 무렵 정치 지도자의 비전과 혜안, 무엇보다도 역사와 미래를 읽어내는 보통 사람들의 의지가 '빅 스텝 이동'의 핵심 요인으로 작용하게 될 것이다. 그러한 시기가 올 때까지 한국 외교는 꾸준하게 외교 유연성을 학습하고 실천해 나가야 할 것이다.

같은 제목으로 『국가전략연구』 5호 (국가안보전략연구원, 2021)에 게재한 글이다.

외교 유연성과 투트랙 전략

"투트랙 접근법은 복합적 사안을 하나의 외교 소통의 통로로 단순화시키지 않는다는 접근이다."

국가 능력의 성장과 세계 속 위상의 변화, 성숙한 민주주의의 공고화, 국민 자긍심 상승을 배경으로 한국 외교는 바야흐로 패러다임 전환 중이다. 현재 진행 중인 국제정세 상황을 고려할 때 한국 외교에 주어진 당면과제는 외교 유연성의 구상과 실천이다. 유연성을 외교 현장에서 실천할 수 있게 만드는 전략으로는 공동체주의, 소다자주의, 피버팅 전략과 더불어 투트랙 접근의 외교전략에 주목할 필요가 있다.[10] 이 글에서는 투트랙 접근법의 원리와 조건, 투트랙 접근법의 실천 논리에 대해 검토한다.

원트랙과 투트랙 접근법: 국가 간 협의의 기술

트랙은 두 가지 의미로 쓰인다. 외교적 교신 및 협의의 층위^{level}를 의미하기도 하고 소통의 통로^{path}를 일컫기도 한다. 트랙의 사전적 의미는 '길'이다. 연결과 소통의 의미가 내장되어 있다. 외교 현장에서는 의제가 협의되고 소통되어 합의를 찾아가는 길이다. 층위를 의미할 때는 3가지 층위가 거론된다. 우선, 정부 간 공식 대화 층위를 '트랙 1' 협의 방식이라고 규정한다. 반면, 민간 수준의 국가 간 협의를 '트랙 2'라고 부른다. 그 중간 지점에 '트랙 1.5'의 반관반민半官半民 통로가 있다. 민간 전문가들 협의를 정부가 지원하기도 하고 차후 정부 결정에 참고하는 형식의 협의를 말한다. 트랙 1.5나 트랙 2의 소통과정 또는 합의consensus가 정부 간 합의를 강제하지는 않는다. 정부 간 대화에 법적, 도덕적 책임을 유예할 수 있다는 의미에서 정부로서는 유연성 실천의 범주로 고려할 수도 있다.

한편, 트랙의 개념은 협의consultation의 층위만을 의미하는 것은 아니다. 의제가 다루어지는 소통 통로를 의미할 때는 하나로 통합하여 다룰 것인가, 아니면 분리 또는 구분하여 다룰 것인지의 의미다. 협의해야 할 사안 A가 있고, 별개의 이익 구조를 가지는 사안 B가 있을 경우, 두 개의 트랙이 만들어진다. 경우에 따라 세 개 이상 복수의 트랙을 둘 수도 있다. 이것은 접근 전략how to approach and how to handle을 의미하기 때문이다. 개념상의 측면에서 볼 때 분리된 2개 이상의 사안들은 각각 정부 간/반관반민/민간 층위의 소통 구조를 가질 수 있다. 핵심은 '분리' 혹은 '통합'의 의지다. 이익 구조가 다르니만큼 이를 별개의 트랙으로 분리하여 협상 조건들을 구상할 것인지, 아니면 통합하여 하나의 트랙으로 접근할 것인지의 선택이다. 사안 A에 대한 협의가 불가능하면 B 사안 협의도 불가능하다고 전제하면 트랙은 하나로 통합된다. 이른바 원트랙 접근이다. 이러한 태도가 유리할 때도 있고 불리할 때도 있다. 선택은 정부 정책결정자들과 전략가들의 몫이다.

현장에서 이러한 복잡한 소통 구조가 생기는 이유는 국가와 국가를 연결하고 있는 이익 구조 또는 교환 구조가 다양하기 때문이다. 비단 이익 문제만은 아니다. 감정과 기억도 복잡하게 엮여 있다. 중요한 점은 정부의 역할과 역량이다. 정부 간 외교적 합의가 이런 다양한 상호 관계를 모두 독점할 수 없다는 것도 엄연한 현실이다. 국가 내 다원적 이익 구조를 가진 국가, 그리고 대부분의 민주주의 국가의 경우, 정부는 국가 내부의 모든 층위의 이익을 단일하게 통일시키는 것에 한계가 있다. 국내 구성원들의 이익 자체가 다원적이기 때문이다. 정부는 국가를 대외적으로 대표하지만, 모든 사안을 독점할 수 없는 관계가 복합적 상호의존성의 세계를 표현하는 말이기도 하다. 세계화 시대가 전개되면서 이러한 복합성은 더욱 증대되어왔다. 그러므로 정부로서도 소통과 교환 구조를 전략적으로 살펴봐야 한다. 이런 배경에서 투트랙 접근법은 원트랙 접근법에 비해 전략적 사고의 산물로서 성격이 강하다.

원트랙 접근법

국가들은 협상력을 높이기 위한 방식으로 외교 협의에 임한다. 국가 간 협상 과정에서 자주 거론되는 기술은 '발목 잡히기$^{tying-hands}$', '연계전략' 등이 있다[11]. 발목 잡히기는 협상 개시 전에 '어떤 사안에 대해서는 결코 양보하지 않겠다'는 조건을 사전에 공론화하는 기술이다. 협상자 스스로의 행동 준칙에 관한 기준이 되기도 하고 상대방에게 그 조건을 미리 알려둠으로써 상대방 협상 기준점을 이동하게 만드는 기술이기도 하다. 연계전략은 두 개 이상의 이익을 연계하는 것이다. 상대방의 약점이 보이는 사안을 본안과 연계시켜 상대방 협상력을 위축시키는 전략이다. 이를 통해 자신의 협상력을 확장하고 이익을 확대하려는 기술이다. 이를테면 경제문제의 협상을 안보와 연계하는 전략이다. 무역규제 협상을 하다가 갑자기 안보공약 카드를 끄집어내는 경우가 이러한 협상 기술을 뜻한다. 협상 조건을 자신에게 유리하게 조성할 때 협상력이 높아진다는 전제에서 출발한다. 단기간

승부를 걸어야 하는 협상일 때 자주 고려된다. 이럴 때 외교는 원트랙으로 집중된다. 특정 사안의 선해결을 협상의 입구에 둘 때, 이익을 극대화할 수 있다고 판단하기도 한다.

외교는 국가 간 영역이지만 상당 부분 국내정치와 연결되어 있다. 간혹 정권이 국내 지지자들을 동원하고 결집하려 할 때 외교 이슈가 활용되기도 한다[12]. 이른바 외교문제의 국내정치화$^{Domestic\ consumption\ of\ diplomacy}$다. 복수의 외교 사안을 하나로 집중시키는 것이 국내 정치지지자들 동원에 유리하다고 판단할 때 원트랙 접근법이 등장한다. 대개 무엇인가 단호한 결정으로 결기를 드러내는 방식으로 외교가 진행된다. 도덕적, 규범적 정당성이나 특정 가치 지향점을 드러낼 수 있다는 장점이 있다. 그러나 긴장과 경직성은 불가피한 산물로 등장한다.

투트랙 접근법의 조건

투트랙 접근법은 국가 간 외교적 교신^{communication} 방법의 하나로 협의 사안 및 과정을 단순화시키고 싶지 않다는 의사 표명^{signaling}이다. '사안의 의도적 분리'라는 의미에서 볼 때 투트랙 접근법은 외교 현장에서 그다지 낯설지 않은 용어다. 투트랙 접근법은 복합적 사안을 하나의 외교 소통의 통로로 단순화시키지 않는다는 접근이다. 대략 아래와 같은 상황과 조건일 때 투트랙 접근법을 유용하게 고려할 수 있을 것이다.

〈복합적 이익 구조〉

2개 이상 사안들이 균등하게 중요하고 그 상호 관계가 복합적일 때다. 대개 국내경제와 안보 이슈가 얽히는 경우, 혹은 이익과 감정의 문제일 때처럼 유형적 이익과 무형적 이익이 서로 얽히게 되면 어느 것 하나 해결책을 쉽게 찾지 못하게 된다. 그런 배경에서 사안 분리를 고려할 수 있다. 또는 특정한 외교 사안이 국내 이익 구성원들의 복합성과 맞물릴 때도 있다. 이를테면 한국의 2000년대 초반의 경우처럼 FTA(자유무역협정)를 체결하게 되면 국내 산업 분야의 다양성 때문에 이익이 기대되는 분야와 손해를 감수해야 하는 분야가 생기게 된다. 국내 구성원들의 이익 구조가 다원적이고 복합적일 때 되도록 사안 분리 전략이 등장하기도 한다. 외교 유연성 준칙의 하나로 '구체화에 공들여라'는 명제가 이런 경우에 해당된다. 외교영역의 세부 항목을 정리하여 하나씩 처리해 나가는 구체화 노력, 그리고 분리 전략이 외교 유연성을 가능케 한다.

〈조속한 봉합의 후과(後果)와 합의에 필요한 시간〉

합의를 서둘러야 할 사안이 있고 시간을 두고 천천히 검토해야 할 사안이 있다. 정부 간 합의 시점과 그에 따른 결과의 문제를 계산할 때 투트랙 접근법을 고려할 수 있다. 합의를 서두르는 것보다 시간을 두고 해결하는 것이 더 유리하다고 판단하면 당면한 사안과 연기해야 할 사안을 분리하는 투트랙 전략을 고려할 수 있다. 국가 이익의 단기적 목표와 중장기적 목표 추진과 관련된 분리 전략이기도 하다. 때로는 판단에 대한 전략적 모호성을 유지하는 것도 외교 유연성의 일부다.

〈도그마의 극복〉

외교 현장에서 도그마의 원인은 다양하다. 특정 가치를 중심으로 외교를 진행하거나 특정 이익 선*추구 논리가 도그마를 만들어 낸다. '한방주의' 해법의 도그마를 벗어나야 할 때, 투트랙 접근법이 유용하다. '쇠뿔도 단김에 빼라'는 말이 있다. 특정한 사안 하나를 해결하면 다른 사안도 모두 해결될 것이라는 유혹에 자주 빠질 때가 있다. 국가도 인간도 마찬가지다. 그럴 때 '한방'을 대개 협상의 입구에 세워두려는 경향이 생긴다. 그 한방을 후속 협의의 선제조건화하려는 인식 구조다. 2021년 초 북한이 내세웠던 '근원적 문제 선해결' 주장과 같은 논리다[13]. 이러한 조건 속에서 협상은 대개 경직되기 십상이다. 그러므로 경직 가능성이 생겼을 때, '한방주의'에 해당하는 사안을 입구에서 빼내는 일이 필요하다. 그럴 때 투트랙 접근을 고려해야 한다. 이는 '조건을 입구에 두지 말라'는 외교 유연성의 준칙과도 일맥상통한다[14]. 특정한 조건 또는 가치를 입구에 두면 문제 해결 과정이 경직되기 마련이다.

〈행위자 다양성 (정부와 비정부 행위자)〉

국가 간 문제 해결에 정부의 합의가 해법을 제공하지 못할 때가 있다. 이를테면 역사문제를 두고 벌어진 갈등은 정부 간 국제법적 합의가 충분한 해법이 되지 못할 때가 있다. 역사는 집단 기억의 문제이기 때문이며, 국가 구성원들의 정서*sentiment*와 관련되기 때문이다. 이런 경우는 해결책 모색에 긴 시간이 필요하다. 시민사회나 전문가들의 역사 해석을 필요로 하는 해법은 정부들 간의 '합의'로 해결하기는 힘들다. 자칫 잘못하면 봉합 수준에 그치고 만다. 외교적 봉합을 거듭하다 보면 역사화해 과정이 충분한 조건을 갖추기가 오히려 힘들어진다. 정부보다는 국가의 다른 구성원들이 제안하는 해법이 더 적실할 때는 문제가 되는 사안을 외교 합의 영역에서 분리하여 정부는 한 걸음 물러서 있는 것도 필요하다.

투트랙 접근의 작동 논리: 외교적 설득과 공공외교

투트랙 접근은 외교 협의의 영역에서 어느 한 편이 고려하고 제안하는 외교전략이다. 사안의 층위를 구분하여 다루자는 제안이거나, 혹은 하나의 사안을 두 개 이상으로 나누는 방식을 제의하는 것이다. 이러한 제안은 상대방 국가가 수용해야 비로소 투트랙 접근이 개시될 수 있다. 따라서 상대방 수용성을 고려하여 합리적 논리가 제공되어야 한다.

〈역사 문제 분리의 논리〉

▷ **"정부가 국민의 감정과 기억을 결정할 능력이나 자격은 없다."**
 - 정부가 국민 슬픔의 강도를 결정하지는 않는다.
 - 정부의 정치적 결정이 인간의 욕망, 자본의 동력을 완전히 통제하지 못하는 것과 같은 논리다.

▷ **"역사해석 그 자체나 해석에 대한 정치적 합의는 정부 판단의 영역이 아니다."**
 - 장기적으로 해법 모색을 위한 토대를 마련할 정치적 책임은 정부에게 있다. 그러나 그 책임이 해석에 대한 전횡적 판단을 의미하는 것은 아니다.

〈합의 시간에 대한 논리〉

▷ **"시간이 오래 걸리는 사안은 시간이 걸릴 수밖에 없다고 인정하는 것이 미래를 위해 현명한 판단이다."**
 - 미래의 일은 미래가 결정하게 미루어 두는 것이 오히려 현명하고 현실적 판단이다.

▷ "정부의 성급한 결정이나 합의가 오히려 미래 세대에게 비용부담으로 작용할 수 있다."
- 잘못된 판단으로 불필요한 비용이 발생하면 그 범위와 규모는 (미래) 정부가 관리하기 힘든 수준으로 증가할 수 있다.
- 정부의 정치적 결정이나 외교적 합의가 만들어지고 그에 따라 국민 여론이나 정서가 형성되고 나면 이후 정부가 통제하기 어려운 상황이 발생할 수 있다.

〈입구론에 대한 반박 논리〉
▷ "도덕적 가치나 규범적 판단을 앞세우는 '입구론'은 이익 모색의 외교적 탄력성을 잃게 만든다."
- 외교 현장에서 가치는 이익만큼 중요하다. 그러나 (공동) 이익 모색이 가능한 사안을 도덕적/규범적 선해결 논리에 압도당하게 내버려 두는 것은 이익 모색의 과정에서 그다지 현명하지 못한 판단이다.
- 국가들은 가치와 규범, 논리를 외교 전면에 앞세우기도 한다. 그러나 그 뒤에 작동하는 이익을 확인해가는 기술이 외교적 협의다.

〈복합적 이익 구조에 근거한 분리의 논리〉
▷ "정부가 국가를 대표하지만, 국가 간 모든 분야의 관계를 '독점'하지는 못한다."
- 대표^{representation}가 사안의 독점^{monopoly}을 의미하지는 않는다.
▷ "세계화 시대에 정부의 역할은 시장 영역에 대해 통제권을 완벽하게 가질 수 없다. 그것은 시대적 추세다."

- 탈주권^{post-sovereignty} 시대에서 국가가 존립하는 방도는 시장 거버넌스, 범지구적 거버넌스, 시민사회적 거버넌스와 공존을 모색하는 일이다.

투트랙 접근의 토대: 협력과 긴장의 이원성

대부분의 국가 간 관계에서 협력적 행위는 당위적 규범으로 상존한다. 경쟁보다는 공존이 시대 담론이기 때문이다[15]. 동시에 이익의 불일치로 인한 긴장 또한 불가피하게 존립한다. 협력은 상호 이익의 공유 범위를 확장하기 위한 정책적 조정에 관한 것이다. 그런 조건 속에서도 긴장이 존재하는 이유는 다양하다. 우선, 국가별로 이익의 범위가 다르기 때문이다. 조정하고 협상하는 과정에서 긴장이 발생한다. 현재하는 이익도 그러하지만, 특히 현재화되지 않은 미래 이익에 대한 기대감을 두고 국가 간 일치된 기대 범위를 가지기 쉽지 않다. 상상의 범위가 다르기 때문이다. 따라서 긴장은 협력을 위한 진통과도 같은 것이다. 국가 간 외교관계가 협력과 긴장으로 구성되어 있다는 사실을 수용하는 토대 위에서 투트랙을 작동시키기 용이해진다. 어떻게 보면 협력과 긴장, 그 자체가 두 개의 트랙일지도 모른다. 다만, 긴장이 갈등으로 증폭되지 않도록 관리하는 기술이 또한 외교이기도 하다는 점을 염두에 둘 필요가 있다.

특히 인접한 국가들 관계에서 협력과 긴장의 중층적 특징은 준^準상수에 가깝다. 접촉 빈도수가 높아지고 범위가 확대되면서 이익 불일치의 가능성도 함께 높아진다. 오랜 역사·문화적 관계가 축적되면서 협력과 갈등은 동전의 앞뒷면과 같다. 더욱이 역사 문제와 이익의 문제는 층위가 다르다. 정서적 감성의 영역과 물질적 이익 영역으로 구분되기 때문이다. 이에 따라 국가 간 관계는 협력과 긴장이 일상이 된다. 이런 경우, 불가근불가원의 논리가 자주 언급된다. 너무 가깝게 하려 하지 말고, 그렇다고 너무 멀리 두지도 말라는 격언이다. 국가 관계에서 순도 100%로 가깝고, 순도 100%로 멀다는 것은 감성적 영역의 판단일 뿐이다. 국가 간 관계란 것이 때론 멀기도 하고 동시에 가깝기도 하다는 전제 그 자체가 이미 투트랙이 작동하기 위한 조건일 것이다. 이러한 전제 역시 긴장 관리의 외교적 기술과 맞물려 있다. 유연성을 염두에 두지 않으면 긴장 관리가 실패하기 쉽다는 점도 아울러 지적해 두어야 할 것이다.

투트랙 접근법과 한일관계

한국의 외교 현장에서 투트랙 접근법은 문재인 정부의 대일 외교 전선에서 공식 제안되었다. 그 배경에는 박근혜 정부 시기 한일 위안부 합의에 대한 논란이 있었다. 박근혜 정부(2013~2017)는 2015년 말 당시 일본 아베 정부와 위안부 문제 해결을 목적으로 한 합의문을 발표했다. 위안부 문제는 역사 기억의 문제이기도 하고, 성찰과 화해, 인권의 문제이기도 하다. 애초에 그 역사문제를 한일 외교관계의 입구에 두었던 측은 박근혜 정부였다. 박근혜 정부는 취임 직후 거의 3년 동안 위안부 문제 선先해결이라는 조건을 한일관계 입구에 위치시켰다. 이에 따라 한일 외교관계의 경색은 피할 수 없게 되었다.

한일 양국 정부의 합의가 역사문제의 궁극적 해결책이 될 수 없었던 점이 문제의 핵심이었다. 합의 내용과 협의 과정에 대한 비판이 뒤를 이었다. 무엇보다도 위안부 피해자의 의견과 희망이 전혀 반영되지 않았다는 질타가 쏟아졌다. 원점부터 재검토해야 해야 한다는 요구도 있었다. 사실, 그 합의는 문제 '해결'이라기 보다는 외교적 봉합에 가까웠다. 한일 양국 정부가 받았던 외교적 압박의 결과물이라는 평가도 있었다. 국가 권력과 인간 권리의 문제, 피해자 중심주의라는 법철학의 관점에서도 '해결'과는 거리가 먼 합의였다. 문재인 정부는 이 합의를 재검토하되 파기는 유보하는 선에서 일본과 미래지향적 협력을 추구하고 싶어 했다. 한일관계에서 역사문제와 미래지향 협력 사안을 분리하여 협의하자는 것이 핵심이었다. 문재인 정부로서는 한반도 평화구상 추진에 있어 북일관계의 진전이 가지는 긍정적 의미도 고려해야 했고, 역사문제에 있어 조급한 외교적 봉합이 가져왔던 후과後果에 대해서도 우려했기 때문이었다.

국가 간 역사 화해는 실로 어려운 과제다. 물질적 화해, 절차적 화해, 인식적 화해 등의 개념으로 구분할 수 있으나 실제 국제관계 영역에서 실천성을 갖기가 쉽지 않다[16]. 갈등과 불신으로 장식된 근대사 기억을 공유하고 있는 동북아에서 국가 간 역사화해 과제는 특히 어려운 일이다. 그런 배경에서 역사문제를 정부 간 외교 협의의 입구에 두는 전략은 피해자 측의 국가가 주로 고려하고 싶은 전략이겠지만, 해법은 생각만큼 수월하지 않다. 정의 회복을 위한 결연한 의지를 드러내 보이는 효과는 있으나, 정부 간 협상으로 진정한 해법을 찾기가 어렵다. 역사는 집단 기억의 영역이면서 동시에 정체성의 영역이기 때문이다. 만약 가해자 측이 가해의 기억을 재생하지 않으면, 혹은 피해자 측이 가지는 고통의 기억과 접점을 찾기 어려우면 화해를 위한 해법은 출발조차 어렵게 된다. 따라서 기억, 분노, 슬픔 등의 사회심리 문제에 대해 정부가 '외교 협상'으로 단순 해결하기는 어렵다. 그런 의미에서 볼 때, 문재인 정부의 투트랙 접근의 제시는 사실 미래지향적 협력 모색에 더 방점이 찍혀 있었다.

역사문제는 해결에 시간을 필요로 하는 만큼 정부와 시민사회 영역이 함께 노력하여 해법을 모색해 나간다는 의미도 담겨 있었다. 그러나 문재인 정부의 투트랙 접근법은 일본 정부에 의해 수용되지 않았다. 일본 정부 측의 반응도 그랬고, 공공외교의 대상이었던 일본 여론 주도층도 투트랙 접근법을 저어하는 분위기였다. 역사문제는 말할 것도 없거니와, 미래 협력 구상도 덩달아 위축되었다. 일본은 국제법을 비롯한 정부 간 약속을 중시하는 '준법주의' 프레임 legality frame 을 가동시켰고, 한국 측은 옳고 그름의 관점에서 판단하려는 '정의' 프레임 justice frame 으로 대응했다. 서로 다른 렌즈로 상대방을 바라볼 때 포커스의 접점은 흐린 채 남겨지기 마련이다. 이후 2021년을 지나면서 한일관계에는 강제징용 판결, 수출규제, 지소미아 연장 유보 등 다수의 경직된 의제가 정부 간 원트랙 접근법에 매몰되어 버렸다.

외교 유연성은 외교 영역에서 경직성, 즉 외교의 경화硬化를 회피하려는 전략이다. 경직성은 대외관계에서 하나의 노선, 하나의 기조를 고집하고 그 경직된 틀에 자국의 전략 대안과 실천 범위를 제한하는 일이다[17]. 그 이유는 다양하다. 국제정치 진영화의 논리, 가치몰입형 외교 등이 원인이다. 외교 유연성은 전략 선택 범위와 실천 대안을 다양하고 폭넓게 가지려는 의도로부터 비로소 가능해진다. 정책결정자가 그러한 의도와 비전을 가져야 '선택 강제'를 극복할 수 있다. 선택 강제는 통상 '둘 중 하나'를 선택하라는 '양자택일'의 압박이다. 국제정치적 영역으로부터의 주어지는 외교적 압박이 하나라면, 국내정치로부터 제기되는 정치적 압박도 있다. 유연성의 규범적 가치로 볼 때 극복해야 할 장애물이다.

이에 더하여 원트랙 구도를 만들겠다는 태도는 스스로가 만든 '선택 강제'의 틀이 될 수 있음에 유의해야 한다. 이를테면 입구에 선해결의 이슈를 조건으로 세워두려는 태도는 자발적 '선택 강제'다. 설사 협상 상대국이 이러한 방식을 강제할 때도 이를 극복해야 함은 물론이다. 또는 복잡한 국제 관계를 안보, 혹은 경제로 단순 환원시키는 국제정치관도 경화의 원인이 될 수 있다. 이른바 안보 환원주의, 경제 환원주의 논리가 그것이다. 안보 환원주의는 국가 행위에 관한 모든 이슈를 생존 담론으로 환원시켜 해석하려는 경향이고, 경제 환원주의는 이익 관점에서만 해석하는 경향이다. 이러한 요인들이 외교전략의 구상과 실천을 경화시킨다. 유연성 확대의 관점에서는 바람직하지 않은 전략 선택이다.

 한국의 미래는 외교에 달려있다. 한국 외교 역사적 경험으로부터 비롯된 중요한 명제의 하나다. 한국의 근현대사의 주요 변곡점마다 거부하기 어려운 정치적 결정들이 한국과 한국인의 운명을 결정해 왔다. 이를 이겨내고자 분투해 왔던 것이 한국 외교전략의 역사이기도 하다. 미래 역사에도 이러한 등식은 크게 변화하지 않을 것이다. 따라서 한국을 둘러싼 외교적 환경을 면밀히 독해하며 치밀하고 창의적인 외교전략을 구상해야 번영과 생존의 길이 보일 것이다. 그 중심에 외교 유연성 전략을 두어야 함은 시대적 요청이다.

"한국의 외교 유연성과 투트랙 접근법의 외교전략" 이라는 제목으로 『국가전략연구』 2호 (국가안보전략연구원, 2021)에 게재한 글이다.

한반도에서 생각하는 평화의 의미와 유럽

"한반도 평화는 동북아 지역평화의 풍향계와 같고 리트머스 시험지와 같다."

한국을 비롯한 동북아시아 국가들에게 유럽은 오랫동안 동경과 모방 emulation의 대상이었고, 동시에 극복의 대상이었다. 동양 3국(중국, 일본, 한국)은 유럽이 주도했던 서구의 길을 좇아 근대 국가 형성의 길을 모색했다. 그 시작과 과정은 고통스러웠다. 제국주의 침략이 모방의 동기를 제공했기 때문이다. 무력적 강압 속에서 개항을 했고, 이후 동북아 국가들은 모두 '강병론적 근대화'의 길을 걸었다. 그 상처와 기억은 여전히 극복해야 할 유산으로 남아 있다. '사회진화론'과 차별, '오리엔탈리즘'과 '우리 안의 오리엔탈리즘'에 내재된 타자화와 배제, 편견 등의 인식도 상처의 흔적이다.

돌이켜보면 근대 이후 유럽이 걸었던 길이 세계 문명사의 길이었다. 성공과 희망도 있었고, 시련과 실패도 있었다. 그 흔적들은 동북아 지역에 불편한 유산으로 고스란히 남았다. 2021년, 유럽 국가들이 동북아 지역과 함께 인류의 미래를 생각해야 하는 것은 문명사가 유럽에 남긴 업보karma와 같은 것이다. 이제는 두 지역이 함께 세계 문명사의 길을 만들어야 하는 관계가 되었다. 그 길은 평화를 향한 길이어야 한다. 갈등과 분열이 근대사의 대부분이었던 동북아에서 평화의 실천은 특히 중요한 과제로 남았다.

동북아와 유럽

2차대전 종전 이후 유럽이 걸어왔던 길에 한국과 한국인은 특별히 주목한다. 유럽은 오랜 기간 전쟁과 갈등의 역사를 거친 후 마침내 지역 협력을 이루었고, 그 협력마저 넘어 공동체를 형성하여 하나의 정치적 단위(유럽연합)로 통합하는 역사 과정을 밟았다. 그러나 동북아에서는 통합은 고사하고 협력의 제도화조차 순조롭지 않다. 동북아에서는 안보를 국가 단위 차원에서 정의 내리고 실천하는 경향이 여전히 강하다. 안보 민감성은 여전히 높다. 현실주의 담론이 안보와 관련된 인식과 국가 행위를 여전히 강하게 지배하고 있는 것처럼 보인다. 따라서 공존보다는 경쟁 논리가 더 지배적이다. 정치학 이론적으로 규정하자면 홉스주의적 무정부성$^{Hobbesian\ anarchy}$에 가깝다. 지역 수준의 공동안보나 협력안보 개념은 여전히 이론 영역으로만 남아 있다. 게다가 민족주의 정서는 동북아 지역의 국가 간 분열을 더욱 부추기는 이념적 요소로 작동할 가능성이 여전히 높다. 핵확산 문제와 영토 문제를 비롯, 안보 영역의 여러 요인들은 사전예방을 위한 제도적 장치를 갖추지 못한 채, 미래 분쟁의 요소로 남겨져 있다.

따라서 전후 유럽의 경험과 비교할 때, 지역으로서 동북아시아는 여전히 다음과 같은 특징을 보이는 지역이다. 첫째, 지속적인 불안정성$^{sustained\ insecurity}$이다. 동북아 지역은 세계 여러 지역 중에서 군비 경쟁이 가장 치열한 곳이다. 19세기 이래 부국강병론이 여전히 주류적 인식으로 작동하고 있다. 지역 국제질서를 지배하고 있는 관념^{ideation} 요소로는 현실주의 담론이 단연 우세하다. 둘째, 갈등과 불신에 대한 역사적 기억이 지배하는 지역이다, 수많은 전쟁이 상처를 남겼지만, 역사 화해의 방식은 아직 제대로 합의하기 어려운 곳이다. 셋째, 지역 공동번영을 위한 제도적 장치를 갖추지 못했다.

동북아는 세계 자본주의 체제의 새로운 생산기지가 되었다. 동북아 역내 국가들은 자본과 기술, 숙련된 노동이 시너지 효과를 낼 수 있는 지역이나 정부 간 합의 구조는 부실하다. 따라서 경제공동체라는 개념조차 낯선 것이다. 넷째, 민족주의 정서가 여전히 강하게 작동하는 정치 특징을 보인다. 배타적 인식에 바탕을 둔 동북아 각국의 민족주의는 역내 협력 증진에 부정적 요인으로 작동한다. 다섯째, 지역에 대한 정체성이 존재하지 않는 곳이다. 대신, 개별 국가 중심의 국가 정체성이 매우 강한 지역이다. 지역 공동의 문제 해결을 위한 협력적 해법을 강구하기가 여의치 않다.

동북아 지역이 지금까지의 난관들을 극복하고 전후 유럽이 걸었던 길을 꼭 같이 걷게 될지는 분명하지 않다. 지역의 역사적 경험과 문화 양식이 다르기 때문이다. 그러나 주목하여 교훈을 찾아야 할 필요는 충분하다. 불안정성으로 특징지어진 동북아 질서를 어떻게 평화와 안정의 지역질서로 전환^{transform} 하느냐가 동북아 국가들의 미래과제다. 특히 한국에게는 매우 중요한 일이다. 한반도의 지정학적 위치 때문이다.

동북아를 평화질서로 전환하는 일

근대 이후, 한국이 경험했던 비극과 고통의 원인은 한반도의 지정학적 위치 때문이다. 근대 이후 동북아에서 강대국들은 한반도에게 '전략적 민감성'이라는 지정학적 인식을 강제해왔다. 대결 중심의 지정학 이론이 주를 이루었다. 한반도는 해양 세력과 대륙 세력이 접점을 이루는 곳에 위치하고 있어, 동북아에서 전략적으로 민감한 지점으로 묘사되어 왔다. '민감하다'고 판단하는 주체는 한국이 아니라 한반도를 둘러싼 주변 국가들이다. 한반도에 살고 있는 한국인들의 의사와는 관계없이 주변 강국들의 지정학적 인식이 그런 방식으로 지속되었다. 그 과정에서 한반도에 희생이 강요되었으나, 21세기 한국인들은 그런 인식을 더이상 수용하려 하지 않는다. 오히려 한반도에서 발신하는 평화 메시지가 지역평화를 보장하는 꿈을 비극과 고난의 역사 속에서 배양해 왔다.

그런 배경에서 한국은 특히 유럽의 전후 경험에 특별히 주목하게 된다. 지역평화를 향해 걸어왔던 유럽의 길이 한국인들에게 희망적인 시사점을 준다. 냉전기 동안 한반도는 동북아 적대적 균형 구도의 최전선$^{front\ line}$이었다. 만약, 세계 질서가 대립과 진영화로 격화되고, 그것이 동북아 지역에 재생산된다면 그 대립 전선은 다시 한반도 위에 만들어질 가능성이 높다. 그러므로 대립을 넘어 동북아 평화질서를 구축하는 일은 한국에게 더욱 절실한 현실적 문제다.

동북아 지역질서를 생각할 때마다 꼭 필요한 전제는 한반도 평화 없이 동북아 지역평화는 생각할 수 없다는 점이다. 한반도가 분쟁과 대립, 갈등으로 남겨져 있는데, 중일관계가 평화로운 관계를 만들고 동북아 지역 전체가 평화질서를 구축했다고 말할 수 없다. 그러므로 한반도 평화는 동북아 지역평화의 풍향계와 같고 리트머스 시험지와 같다.

안정적 평화공존으로의 이행 첫 단계는 전쟁 종결 선언이어야 한다. 2022년은 6·25전쟁 발발 72년째다. 너무 길어진 전쟁이다. 평화조약을 체결하지 못한 채 휴전협정으로 남아 있는 한, 한반도 평화는 불안정한 평화일 수밖에 없다. 종전선언은 평화공존의 문을 여는 첫 단계 조치여야 한다.

한반도에서 유럽의 평화를 생각한다

평화공존의 한반도는 대결 중심의 한반도보다 주변국들(미국 포함)에게 더 많은 이익을 보장하는 기회가 될 수 있다. 군비 경쟁을 통해 얻는 이익이 전부가 아니라면 말이다. 적대감의 외교를 통해 국내 지지 세력의 결집을 노리는 '단기적' 정치이익만이 전부가 아니라면 말이다. 북한 개발의 기회뿐 아니라, 남북한 공동시장의 형성은 동북아 국가뿐 아니라 유럽의 많은 국가들에게도 경제 이익 기회를 확대할 수 있다. 북한이라는 시장은 새로운 기회의 창이다. 한반도 평화는 규범의 문제이기도 하지만 이익과 관련된 현실의 문제이기도 하다. 따라서 한반도 평화의 시대적 필요성에 대해 국제사회의 더 많은 지지와 이해가 필요하다. 전후 유럽의 협력 경험을 동북아로 확장할 수 있는 기회이기도 하다. 그런 의미에서 경제적 이익을 확대함으로써 경제공동체, 그리고 지역공동체를 추진했던 유럽의 경험은 특별히 중요한 시사점을 준다.

  미중 대결이 점차 노골화되어 가고 있다. 글로벌 권력 구조의 문제이기도 하지만, 심리적 적대감과도 깊은 관련이 있다. 오늘날 미중 격돌은 브레이크 없는 자동차 두 대가 상대방을 향해 무작정 달리고 있는 형국이다. 동북아에서는 중일 갈등이 점차 격화될 것이다. 지리적 관점에서 볼 때 한국은 중국과 일본 사이에 끼어 있는 국가이다. 전략적으로는 미중 경쟁의 중간^{middle}에 서 있다. 미국과는 동맹 관계이고, 중국과는 상당한 경제 이익을 공유하는 전략적 협력동반자 관계다. 미국과 중국 중 하나를 선택하라는 '선택 강제'의 논리는 정치적 문법으로서는 위력을 가질지 모르나, 외교에서 가치와 이익은 양자택일의 문제가 아니다. 따라서 한국 외교는 환경적 응적^{adaptive}이며 열려 있고^{open} 또는 능동적^{proactive}, 포괄적인^{inclusive} 원리를 유지하려고 한다. 유럽도 미중 대결이 격화되면 이익보다는 비용부담이 높아질 가능성이 높다. 미중 대결은 점차 전 세계 수준으로 부정적 파급효과를 낳게 될 것이 틀림없다. 미중 대결을 바라보는 유럽 국가들의 전략적 판단은 국가별로 다를 수 있다. 그러나 지역으로서 유럽은 세계적 문제를 안정적으로 관리하고 통제할 책임을 가지고 있다. 이것이 한국과 유럽이 연결되어 협력해야 할 또 하나의 이유다.

한국은 유럽통합과정에서 보여준 독일의 리더십과 통일 경험을 학습하고 싶어 한다. 프랑스의 문화적 영향력에 주목하고, 노르딕 국가들의 평화 관리 방안에 관심이 많다. 영국의 오랜 균형적 감각에서 영감을 얻으려 하고, 유럽 협력 초기과정에서 나타난 베네룩스 3국의 외교적 역할에서 평화 촉진자의 준거틀^{reference}을 가지고 싶어 한다. 나토^{NATO}와 더불어 유럽 지역 안보의 축을 담당하고 있는 유럽안보협력기구^{OSCE}의 역할에도 주목한다. 한국은 미국과 양자동맹을 맺고 있으나, 동북아 지역에서 다자안보협의체의 구상도 필요하다고 제안한 바 있다. 양자동맹과 다자 간 협의체가 병렬적으로 작동할 수 있다고 본다.

전후 유럽의 협력 확대 과정에 한국은 특별한 관심을 가지고 있다. 관세동맹에서 시작하여 경제 부분의 공동체 구상이 점점 확대되어 갔던 지역이 유럽이었다. 석탄·철강 공동체에서 시작하여 유럽 경제공동체^{EEC}로 확장되었고, 그리고 경제공동체 개념은 유럽 지역 수준의 공동체^{EC}로 확대되었다. 공동체 개념은 한국과 동북아 지역에 매우 중요한 함의를 가진다. 동북아 지역에서 배태되어왔던 역사적 유산을 비판적으로 성찰하면서, 2017년 한국 문재인 정부가 발신했던 지역 정책의 기조는 '동북아 책임공동체'였다. 역내 국가들이 지역의 공동번영, 평화공존 목표와 과정에서 함께 '책임을 공유하자는 것'이 책임공동체의 기본 원리다. 그러므로 책임공동체는 평화(안보)공동체와 경제(번영)공동체 구축을 관통하는 핵심 원리다. 함께 책임을 나누려는 의지와 합의에 바탕하여 공동번영, 평화질서 구축이 비로소 가능하게 될 것이다. 지역질서 구상을 외교정책에 포함하고 있는 동북아 국가는 한국이 유일하다는 사실도 흥미로운 점이다.

"한-유럽 평화통일포럼" (민주평화통일자문회의, 2021.5.27.) 발표 내용을 다듬어 쓴 글이다.

주

1. 이성훈, "한국 안보외교정책의 기동성에 관한 연구: 약소국 외교정책의 "외교적 기동성" 개념을 중심으로," 『국방연구』 52권 3호 (2009).

2. 김기정, 김정섭, 남궁곤, 이희옥, 장세호, 조은정 『미중 경쟁과 한국의 외교 유연성』 (국가안보전략연구원, 2021).

3. https://dictionary.cambridge.org/ko/%EC%82%AC%EC%A0%84/%EC%98%81%EC%96%B4/pivot

4. 중심축을 고정한 채 '회전'하는 동작 자체를 피벗으로 규정하는 경우도 있다. 캠벨^{Curt} ^{Campbell}이 정의하듯이 피벗은 '하나의 전략에서 다른 전략으로의 전환'을 의미한다. 관심의 변경이라는 의미도 주어져 있다. 그래서 오바마 정부의 '아시아로의 피벗'$^{Pivot\ to\ Asia}$을 '아시아 재균형^{rebalancing} 정책'이라고 부르기도 했다. 캠벨이 주장하듯이 강대국도 '피벗'할 수 있다는 논리가 성립된다. 이것에 관해서는 커트 캠벨 지음, 이재현 옮김 『피벗: 미국 아시아 전략의 미래』 (아산정책연구원, 2016) 참조.

5. Halford MacKinder, "The Geographical Pivot of History", *The Geographical Journal*, 23, no. 4 (1904).

6. 이를테면 다음 글의 논조도 같은 맥락이다. Robert Chase, Emily Hill, and Paul Kennedy, "Pivotal States and U.S. Foreign Policy" *Foreign Affairs*, Vol 75. no. 1 (Jan/Feb. 1996).

7. Tim Sweijis, Willem Theo Oosterveld, Emily Knowles, and Menno Schellekens, "Why Are Pivot States So Pivotal?: The Role of Pivot States in Regional and Global Security" The Hague Centre for Strategic Studies ^{HCSS}, Technical Report, Jan 2014.

8. 통상 편승동맹은 세력균형에 관계없이 세력이 큰 국가이거나 가장 위협적 국가와의 동맹

을 의미한다. 반면, 균형동맹은 자국의 행위가 지역 수준의 세력 균형을 만들기 위한 동맹 전략을 의미한다. 균세전략은 통상 balancing strategy 라고 번역할 수 있다. 이들 개념에 대해서는 Randall Schweller, "Bandwagoning for Profit: Bringing the Revisionist State Back In" *International Security* vol. 19, no. 1 (Summer 1994), pp. 72-107.

9. 헤이그 전략문제연구소, 앞의 글. 헤이그 전략문제연구소가 제안한 개념에 따르면 aligning and distancing, pivoting, pivoted, non-aligned이다.

10. 김기정 외, 『미중 경쟁과 한국의 외교 유연성』(국가안보전략연구원, 2021)

11. Robert D. Putnam, "Diplomacy and Domestic Politics: The Logic of Two Level Games," in Peter Evans and Harold Jacobson, eds., *Double-Edged Diplomacy: International Gargaining and Domestic Politics* (University of California Press, 1993)

12. Joe Hagen. "Domestic Explanations in the Analysis of Foreign Policy," in Laura Neack and Patrick Haney eds. *Foreign Policy Analysis: Continuity and Change in its Second Generation* (Prentice Hall, 1995).

13. 김기정, 이기동, "북한의 근원적 문제 선해결 주장에 대한 유감" 「전략노트」 2021년 1호 (국가안보전략연구원)

14. 김기정 외, 『미중 경쟁과 한국의 외교 유연성』 앞의 책.

15. 김기정, "국제정치 분쟁의 역사와 갈림길에 선 21세기" 김기정 외 『경쟁과 공존』(오래, 2011)

16. 천자현, "화해의 국제정치" 「국제정치논총」 (2013); Jennifer Lind, *Sorry States: Apologies in International Politics* (Cornell University Press, 2010)

17. 김기정 외, 『미중 경쟁과 한국의 외교 유연성』 앞의 책.

김기정의 전략 디자이닝

초판 1쇄   2022년 2월 25일

지은이   김기정
발행인   이재교
디자인   김다솜
제작   제일프린텍

펴낸곳   굿플러스커뮤니케이션즈(주)
출판등록   2013년 5월 7일 제2013-000136호
주소   서울시 마포구 망원로 69, 3층
대표전화   02.6080.9858
팩스   0505.115.5245
이메일   goodplusbook@gmail.com
홈페이지   www.goodplusbook.com
페이스북   www.facebook.com/pages/goodplusbook

ISBN   979-11-85818-51-1(03340)

- 이 책은 굿플러스커뮤니케이션즈(주)가 저작권자와의 계약에 따라 발행한 것이므로
  본사의 서면 허락 없이는 어떠한 형태나 수단으로도 이 책의 내용을 이용할 수 없습니다.
- 책값은 표지 뒷면에 있습니다.
- 잘못 만들어진 책은 구입한 서점에서 교환해 드립니다.